中华复兴之光
悠久文明历史

内外商贸并举

牛 月 主编

汕頭大學出版社

图书在版编目（CIP）数据

内外商贸并举 / 牛月主编. -- 汕头：汕头大学出版
社，2016.1（2023.8重印）
（悠久文明历史）
ISBN 978-7-5658-2322-0

Ⅰ．①内… Ⅱ．①牛… Ⅲ．①贸易史－中国－古代②
对外贸易－贸易史－中国－古代 Ⅳ．①F729.2
②F752.92

中国版本图书馆CIP数据核字(2016)第015248号

内外商贸并举　　　　　　　　　　NEIWAI SHANGMAO BINGJU

主　　编：牛　月
责任编辑：宋倩倩
责任技编：黄东生
封面设计：大华文苑
出版发行：汕头大学出版社
　　　　　广东省汕头市大学路243号汕头大学校园内　邮政编码：515063
电　　话：0754-82904613
印　　刷：三河市嵩川印刷有限公司
开　　本：690mm×960mm　1/16
印　　张：8
字　　数：98千字
版　　次：2016年1月第1版
印　　次：2023年8月第4次印刷
定　　价：39.80元
ISBN 978-7-5658-2322-0

前言

党的十八大报告指出："把生态文明建设放在突出地位，融入经济建设、政治建设、文化建设、社会建设各方面和全过程，努力建设美丽中国，实现中华民族永续发展。"

可见，美丽中国，是环境之美、时代之美、生活之美、社会之美、百姓之美的总和。生态文明与美丽中国紧密相连，建设美丽中国，其核心就是要按照生态文明要求，通过生态、经济、政治、文化以及社会建设，实现生态良好、经济繁荣、政治和谐以及人民幸福。

悠久的中华文明历史，从来就蕴含着深刻的发展智慧，其中一个重要特征就是强调人与自然的和谐统一，就是把我们人类看作自然世界的和谐组成部分。在新的时期，我们提出尊重自然、顺应自然、保护自然，这是对中华文明的大力弘扬，我们要用勤劳智慧的双手建设美丽中国，实现我们民族永续发展的中国梦想。

因此，美丽中国不仅表现在江山如此多娇方面，更表现在丰富的大美文化内涵方面。中华大地孕育了中华文化，中华文化是中华大地之魂，二者完美地结合，铸就了真正的美丽中国。中华文化源远流长，滚滚黄河、滔滔长江，是最直接的源头。这两大文化浪涛经过千百年冲刷洗礼和不断交流、融合以及沉淀，最终形成了求同存异、兼收并蓄的最辉煌最灿烂的中华文明。

五千年来，薪火相传，一脉相承，伟大的中华文化是世界上唯一绵延不绝而从没中断的古老文化，并始终充满了生机与活力，其根本的原因在于具有强大的包容性和广博性，并充分展现了顽强的生命力和神奇的文化奇观。中华文化的力量，已经深深熔铸到我们的生命力、创造力和凝聚力中，是我们民族的基因。中华民族的精神，也已深深植根于绵延数千年的优秀文化传统之中，是我们的根和魂。

　　中国文化博大精深，是中华各族人民五千年来创造、传承下来的物质文明和精神文明的总和，其内容包罗万象，浩若星汉，具有很强文化纵深，蕴含丰富宝藏。传承和弘扬优秀民族文化传统，保护民族文化遗产，建设更加优秀的新的中华文化，这是建设美丽中国的根本。

　　总之，要建设美丽的中国，实现中华文化伟大复兴，首先要站在传统文化前沿，薪火相传，一脉相承，宏扬和发展五千年来优秀的、光明的、先进的、科学的、文明的和自豪的文化，融合古今中外一切文化精华，构建具有中国特色的现代民族文化，向世界和未来展示中华民族的文化力量、文化价值与文化风采，让美丽中国更加辉煌出彩。

　　为此，在有关部门和专家指导下，我们收集整理了大量古今资料和最新研究成果，特别编撰了本套大型丛书。主要包括万里锦绣河山、悠久文明历史、独特地域风采、深厚建筑古蕴、名胜古迹奇观、珍贵物宝天华、博大精深汉语、千秋辉煌美术、绝美歌舞戏剧、淳朴民风习俗等，充分显示了美丽中国的中华民族厚重文化底蕴和强大民族凝聚力，具有极强系统性、广博性和规模性。

　　本套丛书唯美展现，美不胜收，语言通俗，图文并茂，形象直观，古风古雅，具有很强可读性、欣赏性和知识性，能够让广大读者全面感受到美丽中国丰富内涵的方方面面，能够增强民族自尊心和文化自豪感，并能很好继承和弘扬中华文化，创造未来中国特色的先进民族文化，引领中华民族走向伟大复兴，实现建设美丽中国的伟大梦想。

目 录

内外商贸

贸易政策

文财神范蠡

豪商巨贾

　　春秋战国是我国历史上的上古时期。这一时期，社会生产力不断进步，社会分工更加详细。随着商业的发展，涌现出许多著名的大商人，成为该时期商业领域的领军人物。

　　范蠡用大智慧开创了我国商业文化；子贡凭借"孔门十哲"金字招牌，成为名副其实的儒商；白圭的经商之道和贸易理论，无愧于经济谋略家的称号。

　　以"奇货可居"著称的吕不韦，更是以风险投资成为古今中外第一人。这些豪商巨贾，开启了我国商业史先河，并产生了十分深远的影响。

先秦商业的起源与发展

先秦是指我国统一以前的历史，主要指春秋战国时期。在这一时期，随着生产力的发展和生产关系的变化，商业发展达到前所未有的水平，进入了我国商业史上的第一次飞跃。此时，由于官府控制商业的局面逐渐被打破，各地出现许多商品市场和大商人。

这一时期商品交换的频繁促进了货币制度的发展，我国金属货币在春秋中晚期使用广泛，各国自行铸钱，如要进行贵重商品交易，则使用黄金。

此外，由于经济活跃，以放债营生的行业也渐渐盛行。著名的孟尝君就曾经营过高利贷活动。

　　春秋以前的商业交换活动，基本上还是些远距离的各地土特产和装饰品的交换，在整个社会经济生产和生活中还没有地位。

　　应当说，春秋以前的社会还是十足的自给自足的社会。商业交换活动显著发展起来，是在春秋战国时期开始的。

　　公元前770年，周平王东迁洛邑，建立东周，开始了我国历史上的春秋战国时期。也就是从这时起，我国历史上独立从事耕作或手工业的人开始大量出现，社会生产更趋向商业化。

　　周灭商后，商王朝人失去了贵族权，能活下来的，就外出做生意去了。做"生意"的原意是"求生"，即另谋生路去了。但商人贵族后代又不甘于种田织布那种下人的苦力活，于是就全做起买卖来了。

　　因为商王朝虽灭，但他们尚有较雄厚的资金。以后，凡是做生意做买卖的，统称为"商人"。因为当时全是商人后代在做买卖。

　　从社会经济这个角度来看，春秋时期，由于社会有了一定程度的

分工，出现了商贾这样的专门职业。东汉末年的经学大师郑玄说："行曰商，处曰贾。"

这也就是说，商，是指专门从事远程贩运。在外组织货源的人，这就是"行"。贾，就是居肆列货。直接面向消费者售卖，以求其利，这就是"处"。

春秋时期有许多土特产的运输者和买卖者。楚国的木材、皮革，就远输到晋国。《左传·襄公二十六年》中说，楚国使臣声子自晋还楚对楚贵族子木说："杞梓皮革，自楚往也；虽楚有材，晋实用之。"

意思是说：杞、梓、皮、革，本来是楚国特产，却在源源不断地被运到晋国。楚国固然人才众多，但实在是晋国人在使用他们。晋国的杞、梓、皮、革，是从楚国去的。杞、梓、皮、革是楚国的特产，经过运输交换变成商品。

当时的商贾已被列为四民之一。《左传·宣公十二年》称"商农工贾，不败其业"。尽管此时商人的社会地位还很低下，还是在官府直接控制下的商人，但是已经是一种专门的职业了。

春秋时期诸侯国林立，纷纷兴筑都城。这些都市位居津要，自然成为商品集散的最佳地段，初期的都市形态逐渐转变为以商业贸易为中心的繁荣城市。如赵国的邯郸、齐国的临淄、秦国的咸阳等，都是当时著名的商业城市。

城市内往往设有许多个市，作为商品交换的固定场所，市的四周有"市门"，设"市吏"管理。市内列肆成行，商品分类出售。

当时的商业活动，虽在城市里的市上进行，但是根据当时的管理制度，必须由政府来垄断市场，掌握物价。据《左传》载，郑国、卫国和宋国都有专门的官吏掌管，鲁国管理市场的官吏叫"贾正"。

春秋时期虽然政府管理商业，但由于经济活跃，列国中出现了有钱有势的大商人。这些富商积累了大量财富，常常经营高利贷，以放债营生的行业由此渐盛。著名的孟尝君就曾经营高利贷活动。

孟尝君是齐国贵族，慕名而来者甚多，但他对食客热情款待与己无

二，所以，食客往返归之如云，高峰期竟达3000余人。

为了接待食客，孟尝君开办了旅店，但食客的吃、住、行需要钱，所以，孟尝君的收入抵不住食客的浩繁开销。因此，孟尝君兼放一些高利贷来补充。

深谋远虑的食客冯谖对孟尝君经营高利贷有自己的看法，他在为孟尝君收高利贷利息时，对确无能力偿还利息的多户债主，建议孟尝君当众将"债券"焚烧。此举得到多数穷苦百姓的崇敬和欢迎。

另外，孟尝君也把旅店对外营业，从中得一部分盈利来填充巨大的开销。旅店内部分"食客部"和"对外部"两班人马管理。

在接待食客方面客舍分3等：上等为"代舍"，食有肉，行有车；中等为"幸舍"，食有肉，不乘车；下等为"传舍"，食普通饭菜。

对外部的商业经营方面，饭菜也分3等：势大钱多的人供名贵饭菜；绅士富人供高等饭菜；普通百姓供价格便宜饭菜。此外，特别贫苦遭难之人给予特别施舍且分文不取。

孟尝君开设的大旅店，规模之大而管理有方且又礼仪待人，所以生意兴隆，闻名遐迩，有"孟尝君子店，千里客来投"之说。

到春秋末战国初，由于商业贸易的进一步发展，一些原来身居显位的卿相也开始经商。如曾经帮助越王勾践雪会稽之耻的范蠡，后来离越入齐，又从齐到当时属于交通中心的商业城市陶邑，从事商业，号称"陶朱公"。其后子孙继续经营，富至巨万。

战国时期，市上的商品种类更加丰富，有吃的米粮，有用的绸布、皮货、衣履、刀剑，还有各种牲口，以及各式奢侈品如珠宝、玉器、象牙床、千里马、狐裘之类，无不具备，而且出现了为买卖双方评价说合的"牙人"。

工商业发展后，便涌现出握有巨万资财的富商巨贾，大者富比国都，中者富比县郡，下者富比乡里，而且这样的人不在少数。

后来的西汉史学家司马迁在《史记》中，称这些新兴工商业者说："千金之家比一都之君，巨万者乃与王者同乐。"

战国时期，由于商品交换关系的发展，乡村集市也开始形成，并出现了商人垄断乡村集市的现象。

战国时期思想家孟轲形象地描写了站在乡村市集的高地上，操纵贸易、伺机牟利的"贱丈

夫"。他在《孟子·滕文公上》中说：

有贱大夫焉，必求垄断而登之，以左右望，而网市利。

意思是说：在旷野的集市上，有个商人站到高地上，即"垄断"上，东张西望，想把市利都弄到自己手里。

这些自由商人的出现，最初多是由一些小商贩发展起来的，他们的地位低贱，所以孟子说"有贱大夫焉"。后来人们把操纵和把持贸易的行为叫作"垄断"，就是从这里引申出来的。

孟子对于"垄断"的解释，正确反映了商业贸易史的发展进程，特别是春秋战国之际这个商业贸易史上的一个转变过程。

战国时期，一些卿大夫也有一面当官，一面从事商业活动的。魏惠王的大臣白圭，就是一个从事倒卖谷物活动的商人。

到了战国晚期，投机商人更为活跃，吕不韦就是一个突出的例证。他原是个大贾，后把商业上的投机方法运用到政治上，最终他出任秦之相国，封为文信侯，并取得了"仲父"的尊号，一度掌握秦国大权。

春秋战国时期之所以会出现商业的发展，是因为社会生产力的持续进步，让整个社会拥有了大量可供来流通的商品。同时，区域性诸侯国的产生，割断和阻碍了整个社会的自由联系，这就使许多商品的流通变得有利可图。

另外，各诸侯国为了满足对生活物品和战争的需求，以及为了增加国家财政收入，便用行政手段鼓励发展商业。这些因素，都大大刺激了当时商业的发展。

公元前597年，在晋、楚两国争霸中原的邲之战中，晋国大夫荀罃被楚国所俘。有一个财力雄厚的商人到楚国经商，想用金钱贿赂楚国的看守人员，把荀罃秘密营救出来。后来没有成功，因为楚国把荀罃释放了。

荀罃回国后见到那个商人，非常感激他。而那个商人却认为是楚国释放的荀罃，所以自己不敢居功。

这则史实告诉我们，商人能参与援救荀罃的活动，也一定是在楚国的贵族中有广泛的联系。商人政治活动的基础来自他们的经济力量。

知识点滴

被尊为商圣的范蠡

范蠡是春秋末年楚国著名的政治家、军事家和实业家。范蠡大约出生于公元前536年，约于公元前448年无疾而终，几近百岁，被称为我国商人圣祖。

范蠡三次经商成巨富，三散家财，乃我国儒商之鼻祖。他创立了商业运筹学、价格学以及循环论等关于经商的理论，在以后的2000多年里都产生了很大影响。

范蠡的神奇之处在于：从政可为宰相，经商能为巨富。他用大智慧开创了我国商业文化。被后人尊称"商圣"，并被供奉为财神。

范蠡出身贫寒，父母早亡，由哥嫂扶养成人。他从小就天资聪慧，博闻强识，喜欢读书，学到了许多历史知识和治国安邦的理论。

当时著名的商业理论家计然到范蠡的家乡南阳云游，范蠡拜其为师，跟他学习经济知识和经商技巧。

范蠡和楚国名士文种是好友。当时列国纷争，相互争霸兼并，楚国政治不明，有才之士得不到重用。于是，两个人商议之后，来到越国。范蠡和文种入越后，深得越王勾践重用，勾践任范蠡为大夫，又擢为上将军。

范蠡对勾践忠心耿耿，出谋划策，与文种同心协力为越国共谋良策，促进了越国强盛。最后灭掉劲敌吴国，助勾践当了霸主。

越国君臣设宴庆功，群臣欢歌笑语，十分高兴。此时，只有勾践一人面无喜色。范蠡看到后，暗自叹息，深思熟虑后，决定携带家眷悄悄出走。

范蠡临行前告诫文种："勾践为了兴越灭吴，不惜卧薪尝胆。如今如愿以偿，却不想将功劳落到大臣名下，猜疑嫉妒之心已见端倪。看来与越王只能同患难，不能共享乐，大名之下，难以久居。如不及早急流勇退，日后恐无葬身之地。"

文种并没有和范蠡一起出走。后来，勾践果然赐文种一剑，令其自杀。文种临死前后悔当初没有听范蠡的话。

范蠡乘舟到达齐国后，隐姓埋名，自称"鸱夷子皮"。在齐国，范蠡在海边选了一片土地，和儿子一起开荒种地，种植谷物，并引海水煮盐，日出而作，日落而归，没有几年光景，就置下家产数十万，成为当地巨富。

后来，齐国国君听说了范蠡的事情，觉得此人是个奇才，就想任命他为相。可是范蠡却把相印交还了齐君，还把大部分资财散发给了乡邻好友，一家人又重新迁居他处。

这次，范蠡到了"陶"这个地方，就是现在的山东定陶。当时陶地客商云集，店铺鳞次栉比，商业往来频繁。他认为陶是天下的中心，是交易买卖、互通有无的商业要道。这正是经商的好地方，就先定居下来，自称"陶朱公"。

相传，范蠡有一次来到一个镇子的集市上经商。当时镇上很是热闹，有各种各样的店铺，人们熙熙攘攘，连大树底下也都摆满了杂货小摊，有皮毛肉类和各种山货。

镇子旁边有一个大湖，范蠡向人一打听才知道，原来这里就是昔日洪水横流时，大禹治水的熊耳山下古莘卢邑。

那时禹王带领民工在山的东北角处劈山开石，疏通河道，使洛水东流后水位下降，留下一片几十里的大湖，人们才能在湖边镇上安居乐业。

　　范蠡了解到当地盛产山珍野味、肉类皮毛、粮食药材等土特产品，但是农民缺少食盐、葛麻布衣、日用杂货等。他觉得做生意的好机会来了。

　　于是，范蠡就在当地开了个杂货铺，做起了收购山货的生意。他收购的山货价格很高，一传十，十传百，供货人都往这里跑，还不满一个月，各种山货就堆满了几个大库房。

　　这些购回来的货物很快就卖完了，他把往返一个来回的利润一盘算，赚了很多钱。后来，当地的农民也都纷纷来批发些盐和日用杂货下乡去卖或换货，学着做生意，这个地方的人渐渐地也都富裕起来。

　　有一次，一家收山货的店铺起火，范蠡的店铺就在隔壁，结果殃及池鱼，范蠡的店铺也随之起火，接着，接二连三，一条街的店铺都烧着了。

　　镇上的人都忙乱救火，但范蠡却没有去救火，而是带上银两，网罗人力到附近的镇上去采购竹木砖瓦、芦苇椽桷等筑房材料。

　　火灾过后，百废待兴，大家都开始忙着建新房子，范蠡采买回来的大批竹木砖瓦这时正好派上了用场，人们纷纷来找范蠡买这些建房子的材料。

　　范蠡原来被烧毁的店铺虽然损失惨重，但卖砖瓦木材所赚的钱数十倍于店铺所值之钱，同时也满足了百姓的需要。

　　范蠡经营了几年山货，又积累了几十万

家财，他把绝大部分资财都送给他的好友和乡邻，又散发许多钱给穷苦人，人们都感谢不尽。当地县令为了纪念这位伟大的商人，就把范蠡经商的镇子命名为"范蠡镇"。

范蠡年老时，由子孙持家，最后家产越来越大。当时有一个叫猗顿的人听说陶朱公经商有法，就拜他为师，后来经商致富，也是家产达千万。时人每当说起富豪，就把他俩并称为"陶朱猗顿之富"。

范蠡经商受人称赞，他把财富分给穷人及较疏远的兄弟，不为金钱所累。富豪者，行善积德应该是第一要务。

范蠡有一次做生意到了商洛，据说这里是最早发明青铜器的地方。商洛当时生产的青铜器具很精美，远近闻名，当时上至豪门，下至百姓都以使用青铜器为荣耀。

范蠡打听到邻近的秦国需求量大，他想：物以稀为贵，如果把商洛的青铜器运到秦国，肯定能够赚取高利。范蠡于是就雇了很多牛车和人，到商洛地区收集青铜器，然后到秦国去卖。

在去秦国的时候，为了标明身份，就在牛车上和青铜器上都铸个"商"字，"商"的意思是游走买卖。

到了秦国国都咸阳，秦人看到牛头上写着"商"字，青铜器上铸有"商"字，加上一件件器

具光亮耀眼，精美绝伦，于是人们都叫着"商人来了，商人来了"，很快就把器具抢购一空。

"商人"后来就成为买卖商品人的代称，"商人"的名称由此而来。

在经商过程中，范蠡总结出了许多有价值的经验。比如他对商品的价格上涨或下跌的趋势有着精辟的见解。

范蠡将商品分为"谷物类"和生活所需的"非谷物类"，他认为，"谷物类"商品与"非谷物类"商品的价格波动方向相反：当收成好谷物价低时，人们对其他商品的需求就会增多，使其他商品价格上涨；当谷物价高的时候，人们对其他商品需求减少，它的价格就会下降。

范蠡认为，凡是商品，必以将来迫切需要者为有利可图，所以夏天要预测皮毛商品，冬天要预测葛麻商品，手中还要经常掌握着实物的积蓄，因为商品价格的涨落不是无限度的，上涨到一定程度就会下跌，下跌到一定程度就会上涨。

商品价高时，就要尽快把手头商品像粪土一样毫不吝惜地抛售出去；商品价格下落时，要把它看作珠玉一样，大量收购进来。这样才能获取更多的利润。

范蠡还提出了一个"水则资车，旱则资舟"的"待乏"原则。就是说，在水灾之年做车的生意，在旱灾之年做船的生意。这初听似乎违背常理，其实是大有道理，因为当水灾时，大家都在做船的生意，利润必定不高。而车的生意此时必定无人问津，如果趁此机会囤积一大批车，水灾一旦结束，车将成为特别需求的商品，价格必然上涨。这时，将水灾之年积下的车一下抛出，就能迅速获取巨大利润。

范蠡本一介布衣，一生三次迁徙，《太平广记·神仙传》有"在越为范蠡，在齐为鸱夷子，在吴为陶朱公"一说。

相传范蠡是十六两老秤的发明者。当时人们买卖东西都是用眼睛估计，很难做到公平交易。

后来，范蠡偶然想到了井里汲水的方法：井边竖一木桩，一横木绑在木桩顶端；横木的一头吊木桶，另一头系石块，此上彼下，轻便省力。

于是，他便仿照着做了一杆秤，并用南斗六星和北斗七星作标记，一颗星一两重，十三颗星是一斤。此外又加上福、禄、寿三星，十六两为一斤。

范蠡告诫商人，缺一两折福，缺二两折禄，缺三两折寿。

儒商之鼻祖的子贡

　　子贡是卫国人，名字叫端木赐，子贡是他的字。子贡是孔子得意门生，是由孔子亲自教育出来的商人，属于首屈一指的大富豪，而且是有史以来名副其实的儒商。孔子称其为"瑚琏之器"，在孔门十哲中以言语闻名。

　　子贡不仅在道德、学识、能力具有超群的才华，能够做到富而不骄，富而好礼，而且他是孔门七十二贤之一，孔门十哲之一。有孔门高徒的招牌，因而在商业竞争中，他的软实力和无形资产，是一般商人无法比拟的。

春秋战国时期，是我国工商业开始兴起并逐步走上繁荣时期，此前那种宗族公社自给自足的封闭经济模式，民至老死不相往来的自然状态已土崩瓦解。

具有丰富的学识，新颖的思想，出众的口才，谦虚的品格和不甘平庸的进取精神的子贡，紧紧抓住这一历史机遇，投身商海，大展身手。

子贡出身于商人家庭，20多岁继承祖业开始经商。子贡虽然家累千金，但他不忘天下人。《吕氏春秋》《说苑》《孔子家语》等典籍都记述了子贡自己掏巨资，赎回一批鲁国奴隶的善举。可见，子贡是一个施于民而济于众的商人。

子贡投奔到孔子门下以前，就已经是一个非常成功的大商人了。子贡是孔子最亲近的学生之一。在众弟子中，孔子与子贡的关系超出一般。子贡钦佩和崇敬孔子，对孔子评价最高，是孔子及其学说的宣传者和捍卫者。

孔子曾经招了3000多学生，规模很大，加之周游列国，人在旅途，费用很高。而子贡作为一位成功的大商人，又是孔子的得意门生，自然成了孔子教育事业的主要赞助者。可见子贡的重情重义。

子贡在经商发财以前，也是比较贫穷的。靠着经商，他脱贫致富了。子贡经历了穷和富两种人生体验，于是开始深入思考：一个人贫穷的时候应该采取什么样的人生态度呢？有钱了又应该采取什么样的人生态度呢？

子贡思考的结论是："贫而不谄，富而无骄。"意思是说：贫穷的时候，没有自卑感，不低三下四地讨好别人；有钱的时候，没有自大感，不盛气凌人、趾高气扬、傲慢无礼。

子贡对于自己的想法非常得意，并且自信自己就是这样做的。于是，他就将自己的想法向孔子请教。

孔子教导他，贫而不谄，富而无骄，当然已经很不错了，但是还比不上"贫而乐道，富而好礼"。就是说：贫穷，却仍然坚持不懈地追求真理；富有，却喜欢学习礼仪，有意识地提升自己的道德水平。

孔子强调的是人的内在修养。人的内在修养，是要靠不断学习而得到提升的。而如果缺乏内在的修养做基础，就有可能只是装样子给别人看。

因为，它不是发自内心的一种自觉的行动，反而会成为非常痛苦的，甚至是虚假的东西。听了老师的话，子贡豁然开朗，懂得了内在修养更加重要、更加根本，德行的修养是没有止境的，一个人对于修养，应该不断地追求进步。

孔子的教导对子贡后来的人生发展起到了关键性的作用，他把学和行

有机地结合在了一起，因此在他的言行举止上，无不体现着儒家的思想，使精神上有了自己的安身立命之地，所以他不但有钱而且也有了心理上的幸福。

相传，孔子病危时，子贡未能赶回。他觉得对不起老师，别人守墓3年离去，他则在墓旁再守3年，共守墓6年。

儒商的价值观所包括的是仁爱善良的道德观，强国富民的目的观，取财有道的价值观，以民为本的服务观，见义勇为的责任观，公正平等的权益观。一言以蔽之，君子爱财，取之有道。

子贡作为我国历史上正宗的儒商，具有特殊的贸易技巧和儒商的高水平。

子贡具有开阔的国际视野。他在进行贸易的过程中，把鲁国问题放到大背景之下来看。然后采用了商业竞争中经常使用的"借助外力"的策略，利用自己以外的力量，达到自己的目的。

子贡善于洞察时事。他追随孔子周游列国十几年，所到之处，都是与各国的王公贵族打交道。而且他做的是珠宝生意，他的客户，也多数是有钱有势的王公贵族。这使得子贡对于各国政治情况有非常清楚的了解。正是在洞察时事的前提下，他的营销策略更有针对性，从而使贸易活动收到经济效益和社会效益。子贡做买卖需要见诸侯时，各国的君主都以平等的礼节来会见他，可见子贡的富有和声望达到了什么程度。

子贡能抓住人的心理，诱之以利。为什么那么多的国君都愿意相信子贡的意见呢？就是因为子贡对于人的利己本性有非常深刻的认识。天下所有人，都为着自己的利益最大化而奔忙。

子贡作为成功的商人，要比一般人更能深刻地认识到人的这种利己本性。所以，他在进行贸易的时候，首先站在对方的立场上，从对方自身利益出发，激发起他们的利己之心，并且巧妙地利用了他们的利己之心，让他们觉得，按照子贡的意见办，就能够得到最大的利益。

子贡是孔子的高徒，这个身份本身就非常有号召力。在孔子周游列国的过程中，很多诸侯国的君主不愿意采用孔子的主张，也不打算重用孔子，但他们对于孔子的道德文章还是很尊崇的。因而也格外重视子贡这个名门高徒。

子贡跟随孔子学习多年，拥有很高的素质和修养，举止斯文，彬彬有礼，能言善辩，谈吐不凡。他的意见所产生的说服力和可信度，自然不是一般人所能比的。因此，他的商业活动屡屡成功。

儒商子贡靠着他的良好修养，不仅在他的时代受到了人们的广泛尊重，而且也被后来历朝历代的商人奉为楷模。

知识点滴

子贡曾经自命不凡，最初并不把孔子的学问放在眼里。他对孔子的敬仰经历了一个过程。

子贡跟着孔子学习不到一年的时候，自认为学问已经超过孔子。学到第二年的时候，虽然不再自以为超过孔子，但也觉着自己与孔子差不多。等到学到第三年的时候，子贡才真正认识到了自己比孔子还差得很远。越学习越感受到了孔子思想的博大精深，认为老师的水平是不可能达到的，就仿佛登天无路一样。

子贡的变化，反映了一个有知识又爱好学习的商人的进步。

经济谋略家的白圭

　　白圭是战国初年魏国的大商人，因其擅长经商而名满天下，被誉为"中国第一商人"。他曾在魏国做官，后弃政从商。白圭善于静观时变，巧治生产。他的经商活动及其理论，影响了整个战国时代。

　　白圭的经济谋略在于逆向操作，买仁卖义，乐观时变。《汉书》中说他是经营贸易发展生产的理论鼻祖，先秦时商业经营思想家，同时也是一位著名的经济谋略家和理财家。

　　白圭因此被后世商人称作"治生祖"或称"人间财神"，宋真宗封其为商圣。

战国初年，社会发生巨大变化，社会经济制度改革进一步深入，新兴的地主制先后在各国确立。生产力迅速提高，市场上的商品量急剧增加，人民的消费购买能力也迅速增长，商业的发展出现了一个飞跃。这个时期出现了大批的巨商大贾，而经济谋略家白圭，就是其中著名的一个。

白圭出生在东周时期的洛阳。他师从鬼谷子，学习致富之计。几年下来，白圭颇有心得，他认为，商场如战场，只有随机应变，巧用计谋，像师傅鬼谷子教授的那样，"将欲取之必先与之"，待机而起，方可立于不败之地。

古都洛阳作为政治、经济的中心，工商业的发展有着悠久的历史。早在西周，这里就设有"泉府"作为金融管理机构，"空首布"作为货币广泛流通，表明商业的发展相当繁荣。到了春秋战国时，尽管周室国力衰微，但洛邑的商业贸易繁荣，人员往来频繁。

洛阳人善为商贾，致力于商业和手工业，追逐利润是洛阳人的传统。《史记·货殖列传》中说，洛阳"天下熙熙，皆为利来；天下攘攘，皆为利往。"充分说明，不少外地商人不远千里来洛阳经商。

当时的商人大都喜欢经营珠宝生意，但是白圭却没有选择这一当时最赚钱的行业，而是另辟蹊径，开辟了农副产品贸易这一新行业。

白圭才智出众，独具慧眼，当他看到当时的农业生产迅速发展，便敏感地意识到农副产品的经营将会成为利润丰厚的行业，他提出"欲长钱，取下谷"的经营策略。

白圭认为，"下谷"等生活必需品，虽然利润较低，但是消费弹性小，成交量大，以多取胜，一样可以获取大利。于是，他毅然选择了农产品、农村手工业原料和产品的大宗贸易为主要经营方向。

珠宝经营是以权贵富豪为对象，白圭选择的"下谷"等生活必需

品的经营，面对的却是众多比较清贫的平民百姓。因此，白圭奉行了薄利多销的经营原则，不是提高商品的价格，而是通过加快商品流通、扩大销售的方法来获取更多的利润。

为掌握市场的行情及变化规律，白圭经常深入市场，了解情况，对城乡谷价了如指掌。

白圭有一套独到的经商术，他把自己的经营原则总结为8个字"人弃我取，人取我与"。

这种逆向操作的具体做法是：在收获季节或丰年，农民大量出售谷物时，适时购进谷物，再将丝绸、漆器等生活必需品卖给这时比较宽裕的农民；而在年景不好或是青黄不接时，适时出售粮食，同时购进滞销的手工业原料和产品。

白圭所说的"与"，是予人实惠。当某些商品积压滞销时，一些奸商坐待价格贬得更低再大量购进，而白圭却用比别家高的价格来收购；等市场粮食匮乏时，奸商们又囤积居奇，白圭却以比别家低廉的价格及时销售，满足人民的需求。

当时的商业迅速发展，商人队伍非常庞大，因此也鱼龙混杂，主要分为两类：一类称为"诚贾""廉商""良商"，另一类称为"奸贾""贪贾""佞商"，而白圭正是战国时期良商的典型代表。

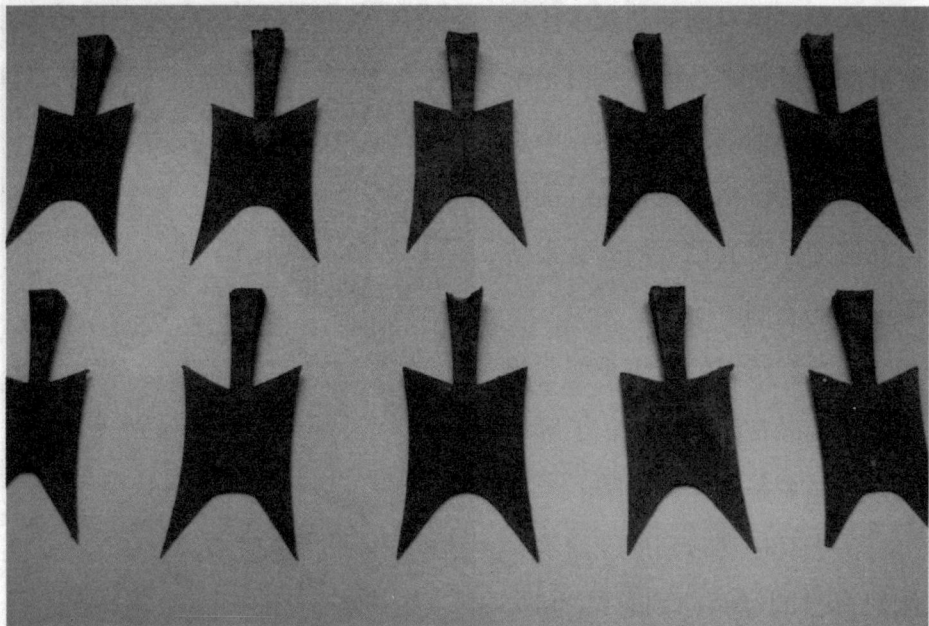

白圭的这种"买仁卖义"的经营方法，既保证了自己能够取得经营的主动权，获得丰厚的利润，又在客观上调节了商品的供求和价格，在一定程度上保护农民、个体手工业者以及一般消费者的利益。无怪乎白圭自诩为"仁术"。

农副产品的经营受农业收成的制约很大，因此，把握时机，尤其是掌握年景丰歉变化的规律具有极其重要的意义。

白圭根据古代的岁星纪年法和五行的思想，运用天文学、气象学的知识，总结出一套农业收成丰歉的规律，并遵循这个规律进行交易。丰年粮价低廉收购粮食，到歉年粮价上涨时出售，从丰年和歉年的价格差中可以获得成倍的利润。

白圭的这套预测理论，表现了他极高的知识水平和高瞻远瞩的眼光。他很擅长观察天气变化，注意提前储备粮食物资来救灾救荒，辅民安邦。

在丰收之年就趁粮价低时大量买进，等灾荒发生时就以低于市场的价格低价卖出，帮助人民度过灾荒。这样在辅民为民的同时，财富也成倍地增加。

白圭是商业这个行业最早收授门徒的人，他通过严格的挑选，收了一些学生。

白圭招生的标准是很高的，他认为一个优秀的商人，要具备以下条件：要通权变，能够权衡利弊，把握时机，出奇制胜；要勇敢果断，当机立断；要有仁爱之心，能够明白取予的道理，遵守"人弃我取，人取我与"的经营原则；还要有耐心，有毅力，能够固守等待，不轻举妄动。

在战国时期，虽然商人在古代"士、农、工、商"的行业划分中，位居最后一位（商人在我国历史上的地位一直都是比较低的），但是白圭却将当时社会的最高道德规范来作为商人的基本素质要求。

可见白圭所要求的商人是一个具有很高的文化程度和高尚道德品

质的人，这和他以仁为本的经营理念是相合的。

白圭还强调商人要有丰富的知识，同时具备"智""勇""仁""强"等素质，要求既有姜子牙的谋略，又有孙子用兵的韬略，否则经商是很难有大的成就的。

白圭不讲究吃喝，控制嗜好，节省穿戴，与雇用的奴仆同甘共苦，但在追逐有利时机时，他就像猛兽猛禽捕捉食物那样迅捷。

因此他曾经极为自负地说，他治理生产，经营买卖，就像古代的姜子牙运用谋略治理国家，孙子以奇正之道用兵，商鞅顺应时机变法一样。白圭对企业运筹帷幄、稳操胜券的经营，证明他是完全有资格如此自负的。

白圭认为，如果一个人的智慧不够用来随机应变，勇气够不上果敢决断，仁德不能够正确取舍，强健不能够有所坚守，虽然他想学习我的经商致富之术，我终究不会教给他的。因而，天下人谈论经商致富之道都效法白圭。

白圭创造性地继承和应用了前人的智慧，从而形成了自己的一套商业理论和经营策略。

白圭自成体系的商业经营思想，对后世产生了极大的影响。一直到明清，最大的商帮——徽商还保留了许多2000年前白圭的遗风。

著名的历史学家司马迁在《史记·货殖列传》里就曾经高度评价白圭，并说"天下言治生祖白圭"，而白圭又被后世的商人奉为自己行业的祖师爷。他的经营思想，对以后的经营者仍然具有重要的指导意义，值得经营者用心地揣摩研究。

据说白圭曾经在魏惠王初期担任魏国的相。那时，魏国都城大梁靠近黄河，经常遭受洪水之灾。在治理黄河期间，白圭施展了他杰出的治水才能，解除了大梁的水患。

白圭自称自己治水的本领比大禹还高超，他说："千里之堤，毁于蚁穴。"意思是说：千里长的大堤，常常因为小小的蚂蚁窝而导致崩溃。

于是，他治水的时候，派人沿着大堤检查，认真寻找蚁穴，堵塞了所有的蚂蚁窝。结果，黄河大堤固若金汤，国都大梁的水患也消除了。

知识点滴

商人政治家的吕不韦

　　吕不韦是战国后期卫国的大商人，他也是杂家学派的代表人物。他由经商而经国，其气魄之大、眼光之远、创意之妙，可谓是前无古人，后少来者。说他是古今中外第一风险投资商，实在是不为过。

　　吕不韦由经商而经国，给后人留下了许多宝贵的"商经"。正如他所说的"奇货可居"一语，后来已经成为一句成语。寥寥四个字，便道出了进行风险投资所必须遵循的基本原则。

吕不韦是濮阳人，濮阳是战国时期卫国的首都，故址在现在的河南省濮阳市南。卫国曾经有过辉煌的历史，不过，到了吕不韦的时候已经衰落得只剩下濮阳一座孤城，前景黯淡。吕不韦眼见国内无望，便出国寻求发展的道路。

吕不韦最先选择的事业是经商，从事贸易。离开卫国以后，他就在韩国的旧都阳翟开始经商。阳翟就是现在的河南省禹县。

在阳翟，吕不韦以低价买进，高价卖出，所以积累起千金的家产，成为天下数一数二的豪商，被称为"阳翟大贾"。这时的吕不韦，大概也就30岁，已经是家累千金，富可敌国，事业蒸蒸日上，前途一片光明。

大约在公元前262年，吕不韦为生意上的事情来到赵国都城邯郸，并在这里偶然发现一个气度不凡的年轻人。

有人告诉他说："这个年轻人是秦国太子安国君嬴柱的儿子，名叫异人，正在赵国当人质。"

当时，秦赵两国经常交战，赵国有意降低异人的生活标准，弄得他非常贫苦，甚至天冷时连御寒的衣服都没有。

吕不韦知道这个情况，立刻想到，在异人的身上投资会换来难以计算的利润。他不禁自言自语说："此奇货可居也。"这就是已经成为汉语成语的"奇货可居"。奇货是指稀少珍奇的货物，可居就是可以进货囤积。"奇货可居"，就是现在投资购进稀缺的商品，留待将

来高价出售。

吕不韦不愧是一位国际级的大商人，他将异人作为投资对象来审视，精明地察觉出异人这一"商品"的价值。

吕不韦是老谋深算的投资大家，他认准目标以后，行动非常慎重。在邯郸初见异人时，他声色不露，只是在心中审度盘算。回到阳翟，他先做调查，搜集有关异人的各种信息，经过仔细研究，再三计算核实以后，制订出一个大胆的投资计划，决定将自己的全部资产，投资到异人这个升值空间中去。

由于事关重大，吕不韦觉得需要同父亲商量。他专程从阳翟回到濮阳老家，就拟定的计划征求父亲的意见。在《战国策·秦策》里，留下了吕不韦与父亲谈话的片段。

这段谈话的大意是这样的，吕不韦问父亲说："投资农业，耕种收获，可以获得几倍的利润？"

父亲答道："十倍。"

他又问："投资商业，买卖珠宝，可以获得几倍的利润？"

父亲答道："一百倍。"

他再问道："经营政治，拥立国君，可以获得几倍的利润？"

吕不韦的这一句问话，就是他看中异人的价值所在，也是解答"奇货可居"的关键。在吕不韦的眼里，异人的商品价值，不是普通的商品价值，而是政治权力这种特殊商品的价值。由此，吕不韦要从经营商业转入经营政治，他要由买卖商品转入买卖权力。他要投资异人，拥立异人成为秦国的国王，然后自己自然会从中得利。

对于一位商人来说，这可是破天荒的投资计划。然而，这个投资计划的利润究竟有多大，他拿不准，心中不安，他希望从父亲的口中得到一个中肯的估计。

吕不韦的父亲回答这个问题时只有两个字："无数。"

吕不韦将如此重大的问题，专程回家与父亲商量，可见他对父亲的敬爱与尊重，同时也可见他在重大问题上对父亲意见的重视。吕不韦父子之间的情深义重、心心相系的关系，也由此可见一斑。

得到父亲的理解，吕不韦心中最后一丝不安消去。他辞别父亲，立即动身前往邯郸，将计划付诸实施。

吕不韦首先拿出一大笔钱，买通监视异人的赵国官员，结识了异人。他对异人说："我想办法，让秦国把你赎回去，然后立为太子，那么，你就是未来的秦国国君。你意下如何？"

异人又惊又喜地说："那是我求之不得的好事，真有那一天，我一定重重报答你。"

吕不韦于是拿出500金送给异人，作为日常生活和结交宾客之用；又拿出500金买珍奇玩物，自己带着去秦国游说。到秦国后，他计划用重金贿赂安国君左右的亲信，把异人赎回秦国。

安国君有20多个儿子，但他最宠爱的华阳夫人却没有儿子。吕不韦很精明，没有直接去见安国君和华阳夫人，而是采取了更稳妥更有效的迂回策略：去找华阳夫人的姐姐。

吕不韦对华阳夫人的姐姐施展口才，说异人如何贤达，如何聪慧，广交天下朋友，富有大志。虽然身处异乡，但天天想念慈祥的安国君和贤惠的华阳夫人，有时到了深夜还思念得流泪。

吕不韦说到最后，见华阳夫人的姐姐被自己的话打动了，便请她

将礼物转交给华阳夫人。

华阳夫人接受了吕不韦替异
人交给她的礼物，又听说了异人
对她和安国君的态度，便对异人
有了好感。

吕不韦又劝说华阳夫人的姐
姐去游说华阳夫人，让她尽早在
20多个公子中挑选一个好的作为
自己的义子，并立为储君。这
样一来，以后就能保住自己的地
位，而异人便是最合适的人选。

吕不韦商人式的精明算计，
正好是华阳夫人日夜耿耿于怀的
心事，姐姐来了一提此事，正中下怀。于是，华阳夫人便利用安国君
的宠爱，说服他立异人为继承人。

事情办成了，异人的处境和地位都发生了很大的变化：安国君和
华阳夫人给了异人足够的钱财，还让吕不韦做他的师长，扶助异人。

从此，吕不韦便长住在了邯郸，和异人一起广交天下宾客等待回
国做太子，更期盼继承王位的那一天早点到来。

安国君即位后，是为秦孝文王，他马上立异人为太子。秦孝文王
在位不久即去世，太子异人即位为王，这就是秦庄襄王。

秦庄襄王非常感激吕不韦拥立之恩，拜吕不韦为丞相，封文信
侯，并把河南洛阳一带的12个县作为封地，以10万户的租税作为俸
禄。秦庄襄王去世后，太子嬴政即位。公元前247年，刚13岁的嬴政便

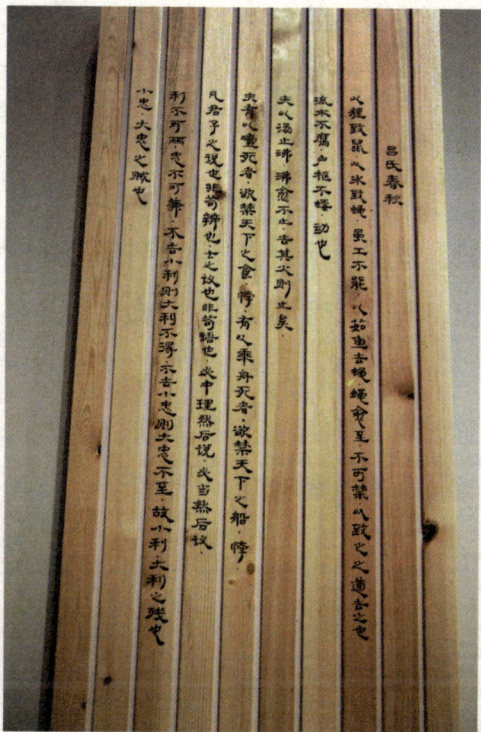

登上了秦王的宝座。这时的吕不韦权势更大了，而且取得了"仲父"的称号，这是当时的帝王对宰相重臣的最高称谓。他食封大邑万户，还拥有上万名家僮，财富巨万。

为了扩大自己的影响，吕不韦召集很多的门客，让他们搜集史料，最后辑成一书。吕不韦认为此书包括了天地万物、古往今来的事理，所以就用自己的姓氏命名为《吕氏春秋》。

可以说，"投资"异人是吕不韦一生做的最大的最赚钱的一次生意，真正称得上获利无数。这个投资将"奇货可居"发挥得淋漓尽致，令人拍案叫绝。

知识点滴

吕不韦在赵国做异人的老师时，曾经用重金买来一位能歌善舞的美貌姑娘让她与异人同居，因姑娘来自赵国，被称为"赵姬"。公元前259年，赵姬生下一子，就是嬴政。赵姬生子以后，异人把她立为夫人。

秦国太子安国君继位后，立异人为太子。异人便带着赵姬和儿子嬴政回到秦国，老师吕不韦总算盼来了这一天，也随行一同归秦。嬴政就是后来的秦始皇。

秦始皇的父亲异人曾得助于吕不韦，可见吕不韦当初对异人的"投资"其价值何等之大！

商通四海

秦汉至隋唐是我国历史上的中古时期。秦汉的统一，使商业活动开始通行四隅，官商与民商在其中扮演着重要角色。

魏晋南北朝时期，各分裂政权为了获取战略物资采取安商政策，商业在一定程度上反而有了更大发展。隋唐的统一，对于我国境内外商业发展更具正面影响。

在秦汉和隋唐这两个相对稳定的阶段，由于空前统一、国力强盛，商贸活动日益频繁，以至于形成了以我国为中心的东亚地区经济体系。这是我国中古时期商贸的最大亮点。

秦汉时期商业的活动

秦王政统一中国后，统一货币，统一度量衡，统一文字，统一车轨。伴随着这种统一局面的形成、巩固，农业、畜牧业、手工业的发展，商业经济也出现了繁荣的局面。

两汉时期，伴随统一局面的形成，政府实行"开关梁，弛山泽之禁"的政策，商业在秦朝基础上有了初步发展。丝绸之路的开通更是促进了中外商业文化交流。

秦汉时的商贸活动，有官营和民营之分。在中原地区，在少数民族居住的地区和在边界及辽远的域外，也都有各具特色的商业活动。

秦汉时期商业能够得到发展，首先是全国的统一，政治的稳定提供了良好的环境；其次，文字、货币、度量衡的统一利于各地区交流，促进商业发展；再次，道路等交通设施的发展提供了条件；最后，国家经济的发展，人民生活水平的提高。

秦汉时期商业的发展，体现在官营商业、民营商业，以及与少数民族居住地和世界各国的商业活动。秦汉时期有官府直接经营的商业存在，郡、县地方官府的机构，都有出卖其破旧器物及原料的权力。而重要资源盐、铁，更是官府经营的主要产品。

秦代官府经营商业的做法，到西汉初期，有所放宽，特别是关于盐、铁的经营。

汉文帝之时，允许私家出卖盐、铁，使官府商业的比重有所下降。但汉武帝时，又实行了官营盐、铁的政策，并扩大了经营范围，乃至除盐、铁之外的金、银、铜、丹砂和酒的生产和销售，都进入了官府经营的领域。

汉昭帝之时，酒的专卖制度虽然取消了，但盐、铁的官营，一直循而未变。王莽统治时期，官营商业又进一步扩大。

东汉时期，虽然把盐、铁改为各郡国主管，实行了民营官税的制度，但其他官府手工业部门，依然存在。个别的郡县，仍然实行官府

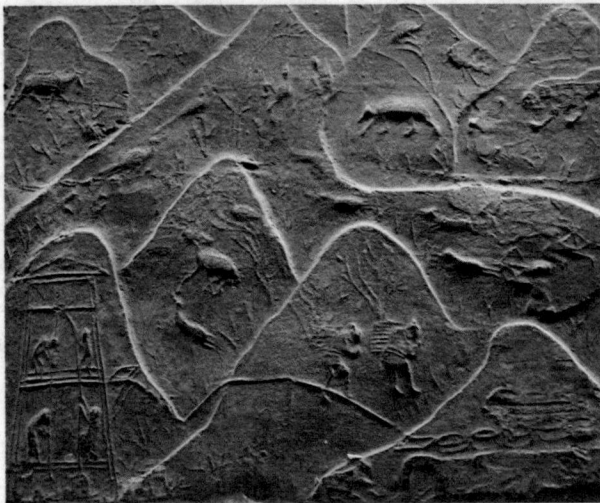

经营采矿、冶铁和销售的制度。如东汉初期的桂阳郡便是如此，以致一岁之入增加了五百余万，可见耒阳县官营冶铁的规模之大。

关于民营商业，在战国时期，秦国就已经有了民营商业。秦献公时"初行为市"，秦孝公时，都城咸阳已有市。所有这些情况，都说明秦国存在专门从事商业贸易的固定市场。虽然这中间也包括官府经营的商业，但民营商业也是其组成部分。

因此，秦国以及统一全国后，在官营手工业与商业之外，千真万确地存在着民营手工业与商业。

到了西汉，民营商业获得了很大的发展。究其原因，一方面同上承战国以来商业发达的余绪有关；另一方面是海内统一局面与奖励政策的结果。加上汉初农业与手工业的恢复与发展，在各地区经济发展不平衡和土特产各异的情况下，大批农民，或出卖剩余产品，或脱离农业走向手工业与商业。

在商业发达的情况下，汉代许多土特产都成为了商品，如木材、竹子、楮木、野麻、旄牛尾、鱼、盐、漆、丝、楠木、梓木、生姜、金、锡、铅矿石、丹砂、犀牛角、玳瑁、珠玑、兽角、皮革等。以至于在当时的大城市中，各种商品琳琅满目。

正因为任何土特产品都可以作为商品出卖而实现为私有财富，因此，在当时社会形成了一个普遍流行的概念：从事商贾之业，是致富的主要途径。

由于民营商业的发达，唐代经学家颜师古所说的两大类型的商贾进一步增多：一是所谓"行商"即流动性商人，他们打破地区与地区之间界限，周流天下；二是"坐贾"，即固定性的商人，这些人大都在城市里设有固定的店肆，贱买贵卖，从中取利。

东汉时期，由于取消了汉武帝以来的盐铁官营制度，产盐铁的郡国虽仍设有盐官、铁官，但仅征收租税而已，其生产与销售均由民间经营，故民间煮盐、铸铁之业又兴盛起来。

除了盐铁之外，其他商贾贸易，也相当昌盛，尤以洛阳为最。洛阳商业发达之状况，表明当时全国各地的情况大都如此。

不过，东汉时期的许多富商大贾，同时就是大地主，而且以其田庄为基地进行商贾贸易活动，从而削弱了他们作为富商大贾的色彩。

秦汉时期与少数民族居住的地区和域外也有商业活动。这些地方见于记载的商业活动起源甚早。以少数民族居住的地区来说，云梦秦简中的"客""邦客"和"旅人"中，除了有从东方诸国来的商人外，也有从西北少数民族地区来的商人。比如秦灭六国时被迁徙于临邛的赵氏、卓氏，还有著名的大畜牧业主乌氏倮。表明当时是在少数民族地区进行的贸易。

到了汉代，同北边匈奴、鲜卑、乌丸等族和西南诸少数民族的贸易更为频繁，与西南少数民族的贸易也比较发达。

此外，汉代通过陆上丝绸之路同西方诸国的贸易，尤为发达。早在汉代以前，我国通过河西走廊就与西方诸国发生关系。通过陆上丝绸之路，我国与中亚诸国的商业贸易频繁，有利国用。

秦汉时期商贸活动，不仅强化了当时国人的商业观念，而且加强了同周围邻国的友好交往。

知识点滴

汉武帝曾经两次派张骞出使西域，最初的目的是联合大月氏和乌孙国夹击匈奴，以消灭边患。

张骞率使团访问了西域的许多国家，广泛开展贸易活动。西域各国派使节回访长安，汉王朝和西域的交往从此日趋频繁。

东汉派班超出使西域，他帮助西域各国摆脱了匈奴的控制，被东汉任命为西域都护，加强了西域与内地的联系。

班超首次将丝路从西亚一带打通延伸到欧洲、到了罗马，罗马也顺着丝路首次来到东汉京师洛阳，这是目前丝绸之路的完整路线。

魏晋南北朝的贸易往来

　　魏晋南北朝时期，由于各个分裂政权纷纷采用安商政策以获取战略物资，分裂反而使各区域市场之间的联系更加紧密，使对商人的控制更加软弱。因此在这一时期的商业不但没有萎缩，反而在一定程度上有了更大的发展。

　　这一时期贸易活动的发展，将我国商业推进一个新的重要历史阶段。

　　其具体表现是：市场类型多样化，商人队伍不断扩大，及传统的"重农抑商"政策效力有所减弱。

魏晋南北朝时期，尽管经济发展呈现出断续性和地区间的不平衡性，但从多方面情况来看，还是呈发展上升之势。

各地在商品经济发展的基础上均已形成比较完善的区域性市场，市场之间的联系不再依靠行政权力，而是一种类似外贸的市场运作体系。同时，在长期的战争环境下，市场还被打上了军事烙印。

魏晋南北朝时期，由于各政权在其都城均需要商品流通，建设商品市场成为他们的一项重要政务。

市场规模一般以廛、肆为主。廛比肆大，为某种货物集中批发销售之区；肆则相对较小，侧重于零售。这种大型集市在这一时期一直延续下来。

除了这种集中的大型市场外，还有一些中小型专业性市场，如在洛阳东石桥南，有北魏朝时的马市。

由于这一时期陆路和海路交通从未中断，使得对外贸易活跃起来。南方的外贸口岸以广州为主。当时我国南方贸易的国家有大秦国，有在今中印半岛南部的昆仑国，南方通过海路进行贸易的还有朝鲜半岛。

当时北方市场以各政权的首都以及西域为主，采用的交易方式主要为互市和朝贡贸易。由于这一时期基本处于分裂状态，各分裂地区出于发展经济、获取战略物资和便利生活的需

要，经常在各自的边界开展互市，而且南北互市具有很强的互补性。

设立互市一般具有军事目的，是为了能获得对方的军事物资。比如弓竿、漆蜡等主要用以制造军器，因此各方对互市取慎重态度，反复商讨互市商品。对于私自互市者要进行严厉处罚，对于有关国防安全的商品，更是严禁并防止间谍冒充商人刺探机密。

当时还出现了比较特殊的军市。由于动荡不安的社会环境必然导致战争的频繁，军事行动各方为了保证军队的日常用品和军事物资的供应，便在军队所到之处设立市场，吸引商人，流通物资。

军市是适应当时商品经济发展的新形势，在驻扎军队的地方，由军队出面设置军市，军市上的租税收入也就供军用了。这种办法，对解决军队的经济收入和当地居民的商品流通都有一定的好处，所以能够出现和存在。

各政权不仅在其都城建设商品市场，完善市场管理也是一项重要政务。这一时期的市场管理也力求完善，主要表现在有专人负责，有健全的市场秩序，有正常的市场交易时间。

当时专门管理市场的官员称"市长""市令""市王"，下属有"市吏录事"等。市令的主要职责是保证市场的运营秩序。有的分裂政权还设立了管理商业的中央机关，称"商贾部曹"。

在市场秩序上，一些官府也抓得很紧。为了保证公平交易，市场还设立公平量器。市场均有一定的开罢市时间，当时一般按照古代"日出而作、日落而息"的作息规律，鼓为罢市，钟当为开市之用。

魏晋南北朝时期，商人的成分复杂多样。由于分裂动乱的历史环境，封建礼法制度的约束力受到严重削弱，官僚阶层和平民阶层已很少顾忌传统的贱商思想。

从皇帝开始，各社会阶层均大量参与商业活动。既有民商又有官商，还有外商和皇商，形成一个结构松散、各阶层参与的商人群体。

民商是当时人数最多的商人。构成民商的商人有世代从商者，也有临时从商者；其构成的资本有大有小，势力视其与官府的联系程度有强有弱。

通过经商，一些普通民众成为富比王侯的巨贾。也有些人经商是

为了兴趣和爱好。比如隐士投入经商的行列，其经商目的或者尽孝或者济友，也可称之为商隐。

江淮是当时的南北征战区，边贸兴旺，因此民商也多集中在江淮一带。江淮估客已成为当时比较大的商人群体。

官商是商业资本最为庞大的一个商人群体。对于商业利润的极度追逐，是形成官商群体的一个重要动力。除上层官僚致力于商业外，中下层官僚也追求商业利润。

外商有时也称胡商，多集中居住。随着陆路和海上交通的发展，前来我国贸易的外商日渐增多，形成了一个很大的商人帮派。

这些外商在我国长期贸易后，出现了世代居住中国进行商业活动的情况，有的甚至参与到政治活动中。

皇商包括皇帝本人和皇室亲族均都经营商业。他们虽然不是专业商人，但是凭着皇家的势力，能将商业规模做得很大。皇帝和太子经商是当时商业经营中的一大奇观。

北魏皇室的商业实力很强，当时北魏孝武皇帝一次就赏臣子数区店铺，耕牛30头。

皇帝本身也很贪财，对于商业利益的追逐是皇帝和太子经商的直接动力。在皇帝和太子的带领下，当时的皇族普遍经商逐利。比如会稽地区就是刘宋皇室经商的重点地区。

魏晋南北朝时期，传统的"抑商政策"虽然不利于商业经营者，但相比前代则要宽松得多。

抑商政策一直是我国古代社会的主流政策，在以南北分裂为主的魏晋南北朝时，这一政策也没有放松。但是这种自上而下的政策，其实际作用是很有限的，比之两汉大为减弱。

事实上，在战争时期，商业是沟通分裂各方的重要桥梁，也是促进当时经济发展的重要推动力。因此，分裂各方在对商业进行抑制的同时，为了争夺有限的战略资源，实行安商政策。

所谓安商政策，就是为商业经营者提供一定的保障条件，使其安心经营商业。如对商人给予免收税赋的优待。为了给商人一个稳定的经商环境，有些政权还对外商实行保护政策，使外商在旅途中更安全。对官僚疯狂追逐商业利润的现象，有时皇帝和一些正直大臣也看不下去，他们从维持自己的政权目的出发而给予批评并纠正。如宋益州刺史刘道济在郡经商，中央政府警告他深思自警，但刘道济仍不悔改，最后受到惩罚。

魏晋南北朝时期的商业经营，极具时代色彩，体现为商业伦理精神的弘扬和经商技巧的锻炼。在当时，一些有学问的经商者为了弘扬商业精神，体现商业文化内涵，他们通过经商，追求和实现自己的儒学抱负，表达自己的人格，崇尚商业经营的诚信原则。

这一时期的商业诚信在长期战争的环境中并没有失去自己的本来面目。虽然战争助长了人们急功近利的经济思想，但是在商业经营中注重商业道德，成为诚信典范，仍是当时不少商人的自觉行动，特别是他们对所售商品的质量毫不隐瞒。

与商业诚信并存的是商业经营技巧的高超。商业诚信和商业经商技巧二者在"道"上既相同又不同，在一定的条件下二者有可能达到统一。

有的商业经营者通过锻炼经商技巧，实现商业经营目的。还有一些中下层商人使用各种手段来增加销售。有的以美女做酒店招待，以增加酒的销量，如阮籍邻家妇有美色，当街设庐卖酒，获利颇丰。

有的重视商业信息，通过掌握商业信息来获取商业财富。当时的商业技巧有很多是以商业诚信为指导，当然也有少数人违背了商业诚信。

总之，在魏晋南北朝时期，广设市场并加强管理，各种身份的商人大量涌现，安商政策效力增强，商人大多注重商德和经商技巧，使这一时期的贸易活动呈现出持续发展的势头。

阮籍是"竹林七贤"之一，不拘繁文缛节。对于旧传礼教，竹林名士是不承认的。

阮籍邻居家有个少妇，容貌姣好，当街卖酒为生。阮籍常常前来喝酒，一饮即醉，醉则侧卧少妇身旁。少妇的丈夫每每看到，知道阮籍的为人，也不怀疑。

阮籍曾听说有一个少女很有才色，不幸未嫁病死。他并不认识女孩家人，闻之才女夭折，便一路前去大哭一场，尽哀而还。

阮籍的嫂子要回娘家，阮籍与之当面道别。有人讥笑他，他说："俗礼岂能为我所设！"

知识点滴

隋代对外贸易的发展

　　隋代随着农业、手工业的发展，商业贸易也出现繁荣的景象。此时的对外贸易，是在海、陆两方面同时进行的，在西北是陆上贸易，在东南是海上贸易。

　　其中西北丝绸之路的陆上贸易尤其发达。通过此路，不仅可以到达亚洲西北部，而且远及欧洲东部。通过海路，隋朝对东亚以及南洋诸国也有着贸易和友好关系。

　　隋炀帝亲巡贸易之路，不仅在西部边陲设置了四郡，还在丝绸之路上举行中西商贸交易会，开世界博览会之先河。使西北的陆上贸易活动有了更大的发展。

    隋代在汉朝开通丝绸之路后，加强中原与西方的经济联系方面，取得了较大的进展。隋炀帝对外实行开拓政策，广招周边各族、各国的使者和商贾到内地来，而西域各国的商人沿丝绸之路进入中原进行商贸活动的居多。

    对于西北各少数民族来说，与中原王朝进行交易是一种有厚利可图的生意，因此一些商人往往随使节一同前来，以此获得较一般正常的贸易更加大的利润。

    隋代大宛的狮子骢等，都是当时进贡中原的名马种。这些名马以及一般马匹的获得，中原王朝须得花费数量可观的纺织品。

    在与中原王朝进行贸易的少数民族商人及外商中，有一些人或打着"使节"的旗号，或随同使节一同前往中原，以"进贡"的名义得到中原王朝的"赏赐"，从而获得更大的商业利润。对于中原王朝来说，也热衷于这种贡赐贸易。在当时，位于河西走廊中部的张掖，是中西商业交易的中心，充当着中外贸易中转站的重要角色，史称"西域诸胡多至张掖交市"。

在交往过程中，隋政府采取相当优惠的政策，以此来鼓励这种贸易活动。当时的张掖受北面突厥、南面吐谷浑袭扰。平定突厥、吐谷浑，收复西域诸国、扩展疆域是隋炀帝西征西巡的根本目的。

隋炀帝曾经派吏部侍郎裴炬前往张掖主管互市贸易。裴炬是个很有心的人，他在管理丝绸之路的商贸活动中，亲自访问各地商人，了解西域各国的山川、风俗、经济、政治等方面的情况，并将调查所得撰写成《西域图记》一书。这是我国古代关于新疆和中亚的专门地理著作。书中还附有详细地图，对两万余里的丝绸之路做了相当有系统的记述和介绍。

当裴炬把这部著作呈献给隋炀帝时，引起了隋炀帝对西域和丝绸之路贸易的极大兴趣。他亲自召见裴炬，详细询问了解那里的各方面情况，并对裴炬的功绩给予赞赏和嘉奖。

裴炬回到张掖后，更加努力经营互市贸易，优待西域客商，为其提供旅途方便及费用，采取积极措施，鼓励和吸引西域商人到隋王朝重要的商业城市大兴城和洛阳进行商贸活动。

为了保障丝绸之路的畅通，进一步扩大中西贸易，裴炬还上书隋炀帝，建议皇帝西巡，亲赴张掖会见西域各国首领。

609年，隋炀帝率大军从京都出发，浩浩荡荡地到达甘肃陇西，然后西上青海横穿祁连山，经大斗拔谷北上，到达河西走廊的张掖郡。

　　这次西巡历时半年之久，远涉到了青海和河西走廊。在我国封建时代，皇帝抵达到西北这么远的地方，只有隋炀帝一人。

　　隋炀帝到达张掖之后，裴炬说服动员高昌王麦伯雅、伊吾吐屯及西域27国的使臣、商人前来迎接。隋炀帝又令武威、张掖两地的仕女盛装出来游玩观赏。

　　此时的张掖，游人及车马长达数十百里，各国商人也都云集张掖进行贸易。这是一次盛况空前的中西商贸交易会，首开我国历史上世界博览会之先河。

　　隋炀帝此次西巡开拓疆土，安定西疆，大呈武威，威震各国，开展贸易，扬我国威，畅通丝路。是一代有作为的国君所为。

　　隋炀帝在西巡过程中，还置西海、河源、鄯善、且末四郡，进一步使甘肃、青海、新疆等大西北成为我国不可分割的一部分，实可谓意义重大。

　　由于丝绸之路的畅通，不仅使张掖的贸易市场更加繁荣昌盛，还

促进了中原一带贸易市场的兴起和发展。如关中的歧州、西京大兴城、东都洛阳等。从此，西域的高昌、焉耆、龟兹、疏勒、于阗、康国、安国、米国、吐火罗等国家的商贾使者来往于大兴城、洛阳一带，络绎不绝。

隋炀帝还派大臣杜行满去西域，从安国带回五色盐。又派人出使波斯，回国时，波斯的使者、商人也随至中原。

隋炀帝之前，中西交通的丝绸之路只有南北两道。隋炀帝时期不仅以前的道路更加畅通，而且新增了北道，即新北道。

这样，隋通西域的道路共有3条：北道出自敦煌至伊吾，经蒲类、铁勒部，度今楚河、锡尔河而达西海；中道出敦煌至高昌，经焉耆、龟兹、疏勒，越葱岭，再经费尔干纳、乌拉提尤别等地而至波斯；南道出敦煌自鄯善，经于阗、朱俱波、羯盘陀，越葱岭，再经阿富汗、巴基斯坦而至印度各地。

知识点滴

608年，隋炀帝派裴炬和将军薛世雄率军屯驻伊吾。隋军在伊吾城东另建一座新城，号新伊吾，就是现在的哈密回城。隋军留下1000驻军，以保护行旅及丝路之畅通。

610年，隋政府设立伊吾郡，并在伊吾城之东北设立柔远镇，就是现在的沁城。

裴炬在伊吾建造新城时，当时西域各国使者不知道隋军的用意。裴炬就对他们解释说："天子因为西域偏远，交通不便，所以在伊吾另筑新城，便利行旅。"

从此，伊吾新城成为中外使者的驻歇之所。

唐代繁荣的对外贸易

唐朝是我国历史上一个强大鼎盛的朝代，农业和手工业的发展，促进了商业的繁荣和内外交通的发达。当时以长安为中心，设置驿路，贯通于全国各地，进一步刺激了对外贸易的发展。

唐太宗李世民大力倡导，接纳少数民族和外国人，甚至为了对外交流和国际贸易，可以给予外国人超国民待遇。并且唐代允许境外的货币在国内流通，以此方便外国人在我国的经贸活动。

大唐一代，"盛唐气象"的恢宏、博大与开放，成为这一历史时期的象征，也成为我国历史上最繁荣的时期。

开展对外贸易必须首先扩展对外交通，这是最基础的一项工作。唐代在扩展对外交通方面无疑是极为成功的，既有陆路交通，也有海上交通。在这方面，史书多有记载。

在陆路交通方面，据唐代贾耽撰写的《皇华四达记》记述，当时通往周边民族地区的交通干道，主要有安东道，高丽、渤海道，大同、云中道，回鹘道，西域道，天竺道，广州通海夷道。此外，还记有从长安分别通往南诏的南诏道和通往吐蕃的吐蕃道。这些道路，西向可通往西域，穿越帕米尔高原和天山的各个山口，到达中亚、南亚与西亚，甚或远至欧洲，即著名的陆路"丝绸之路"。

唐代对外贸易的繁荣兴旺，还表现在海上交通与贸易的发达。后因战乱陆上丝绸之路交通受阻，海上交通与贸易的发展显得更为重要。据《新唐书·地理志》记载："广州通海夷道"，已能通往印度洋，直达波斯湾，全长10多千米。此航线，我国和亚非各国商船往返不绝，促进了唐朝与阿拉伯国家、东南亚各国的贸易往来。

"海上丝绸之路"的兴起，也是基于唐代海运事业的发展。据《新唐书·阎立德传》记载：唐贞观时阎立德在洪州造"浮海大船五百艘"。

除了扩展对外交通，唐代在国家统一后走对外开放的政策，以及唐政府采取了必要的政策和措施保证，是对外贸易繁荣的根本所在。

唐代在"贞观之治"与"开元盛世"时期，社会经济稳定发展，贯通南北的大运河，使西北政治中心、东北军事重点防御区和南方经济富庶区联结起来，大大加强了南北的经济文化交流和相互促进。

这些都为开放的国策奠定了物质基础，使得国人在面对外来文化和商品冲击时具有充分的自信心。

唐太宗李世民对华夷观念主张"华夷一家"，这一观念不仅是对前人的超越，也对后世制定国策产生了深远影响。在唐代，"万国""四海""华夷""蕃汉""胡汉"等名词使用的频率很高，体现了一种开放的态势。

在这样的观念下，整个社会呈现出一种全面发展的局面：地域向外拓展；民族迁徙与民族融合有了新的进展；在文化上汲取与推广并行；在科举制下的人才选拔；社会观念和社会风俗开放，包括婚姻、家庭、女性、娱乐、休闲、节庆的调整与包容等。

唐政府还实行必要的政策和措施保证。首先是设置专门的官署，以适应对外贸易发展的需要。

为适应对外经济贸易由西北内陆向东南沿海的转移，从陆路丝绸之路向海上丝绸之路的转移，唐代除原有接待外来人士的鸿胪寺，还设立了管理边境贸易事务的互市监，中央和地方官府还采取一些变通的措施，鼓励外籍商人在边境地区进行民间自由贸易。并设立了管理沿海贸易的市舶司等机构，以适应海陆贸易的发展。

其次是对外籍商人在政治、经济上实行多种优待政策。比如：对外籍工商业者、艺人和宗教人士进出，以及外籍商人在唐代民间的经营方式和经营内容，实行比较宽松的政策；在商品交易中实行开放式的货币政策，很多境外货币可以在唐代流通；尊重外籍商人的习俗和信仰；通过减免税收的政策鼓励外籍商人入唐长期从事经营等。

统一而又富强的唐王朝，采取对外开放政策，并为此制定相应的政策和措施，无疑会使唐王朝对外贸易蓬勃发展。

外商运进我国行销的商品种类主要是珠宝、玉石、香料、稀有珍奇动物、药材、马匹以及土特产品，运出的主要是中国的丝绸。

唐中期以后，瓷器逐渐成为对外出口的大宗商品，海运的发展也为运输瓷器这类质重易损的商品提供了便利条件。因此，有人将海上丝绸之路又称为"瓷器之路"。在朝鲜、日本、东南亚、南亚、西亚、非洲都出土了大量唐代和五代的瓷器。

这时期商品经济的发展不仅表现为总量的增长与市场的开拓，也表现为深层次的渗透。各国、各地区的联系日趋广泛，商业贸易需求推动着东西方以及亚洲大陆内部更为密切的交流。唐代把握住了商品经济的契机，对外贸易呈现出新的面貌。

据记载，唐末在广州从事贸易活动的外国人竟达12万人以上，他们带着香料、药物和珠宝，换取中国的丝织品、瓷器等物。"海上丝绸之路"的兴起，也是基于海运事业的发展。

随着唐代对外贸易的发展和深入，大量外商涌入中土，在城市工商业群体中占有相当数量，这是唐代外贸经济的重要特色之一。在外商中，既有万里求宝卖珠的行商，也有开店设铺的坐贾；既有在民间游走的私商，也有以朝贡名义开展变相经贸活动的官

商。"胡商""胡店""胡饼""胡姬"等名称正是现实的反映。

大城市有专门接待胡商的邸店和住坊，有单独为胡人居住的蕃坊。往来居住的外商在我国的活动范围很大，几乎所有水陆交通发达的大中城市都有他们的足迹。也可以说，凡是外商经常出入或聚集人数较多的城市，必是商业或转输贸易兴盛的城市。

唐代对朝贡使团有很多优待政策和措施，如根据路程远近给付资粮，安排住宿，馈赠物品，允许入市交易，邀请参加皇帝举办的"宴集"。据统计，南亚、中亚与西亚来唐使团共343次，每团少则数人，多者可达数百人。

当时，与唐发生联系的国家和地区有300多个，包括周边少数民族政权，周边内附少数民族部众，与唐有藩属关系的国家和独立政权，甚至极其遥远地方的国家。总之，唐王朝使对外贸易范围广泛且具有连续性，贸易渠道众多而内容丰富。

知识点滴

唐代通过海路去日本有三条路，一条从登州出发，渡渤海沿辽东半岛东岸和朝鲜半岛西岸到日本；二是由楚州出淮河口，沿山东半岛北上，东渡黄海、经朝鲜半岛达日本；三是由扬州或明州出海，横渡东海，直驶日本。

到南亚的海路，从广州经越南海岸，后过马六甲海峡到苏门答腊，由此分别到印尼的爪哇、斯里兰卡、印度。

到西亚的海路，从广州出发，经东南亚，越印度洋，阿拉伯海至波斯湾沿岸。唐朝还初步开辟了到埃及和东非的海上交通。

内外商贸

　　从五代十国至元代是我国历史上的近古时期。这一时期，分裂年代与统一年代不同的商贸方式，鲜明地体现出时代特色。

　　在五代十国这一分裂阶段，国内外贸易交流没有因战乱而终止，反而因战争所需刺激了商业的发展，境内商品化生产及对外贸易都有不同程度的发展。

　　宋元王朝统一天下后，我国商业贸易呈现出更为强劲的发展势头。两宋时的榷场贸易和海外贸易，以及元代商品化程度的深度和广度，都在我国商业史上留下浓墨重彩的篇章。

五代十国的商贸特点

    五代十国时期商业贸易的特点，主要表现在贸易形式和商品种类两个方面。

    在贸易形式上，国内各区域间的贸易比较兴盛，南北方的货物交流一直没有间断；对外贸易也很兴旺，东自高丽、日本，西至大食，南及占城，都有商业往来；官营商业有所发展。

    在贸易商品种类上，用于贸易的商品种类与唐代相比，农产品商品化的趋势不断扩大。

五代十国时期尽管诸国林立，兵祸连年，但通商贸易、互通有无是大势所趋，各政权区域间的贸易交往比较兴盛。

国内各区域间贸易频繁，与当时国内政治有着直接关系。当时南北各地同时有大大小小的若干政权存在，由于各地自然条件的不同，物产各异，为了巩固政权，发展经济，便不能不重视商业贸易，加快商品的流通。因此，各国政府无不重视促进区域间物流的畅通。

吴国杨行密获楚王马殷之弟马蜜，便将其送归楚国，目的在于沟通商贾，互通有无。后晋高祖石敬瑭也曾下诏：淮南、西川两处边界，今后不得阻滞商旅。南唐皇帝曾经主动致书后汉"请复通商旅"，恢复因叛乱而中断的南北商业贸易。

周世宗更加注意发展区域间的贸易，多次颁布敕令要求加快商品流通，鼓励各地间的通商。周世宗还采取了对部分商品免税减税的政策，以促进贸易的发展。所有这些政策的实施，都在一定程度上促进了区域间商业贸易的繁荣与发展。

在这一历史时期，各区域间的贸易规模也是很大的，如后唐明宗准诏"放过淮南客二百三十人通商"。割据于岭南的南汉境内亦有岭北商贾活动，而且人数亦不少。

另据记载，周世宗进攻南唐的淮南地区时，令军士伪装成商贾而渡淮袭取临淮城，其人数必须要达到一定的规模，人数过少则无济于

事，这也印证了平时往来于淮水南北贩运羊马的商贾人数一定不少。

正是因为南北贸易规模较大，所以后周在疏通汴水以通航运后，曾在汴梁进行了大规模的营建。其实扩大汴梁城郭，也就是为了适应商业发展的需要。

区域间商业贸易的扩大，并不意味着坐地列肆式的交易就不再重要了，在任何一个历史时期这种贸易形式都占有重要地位。只是因为这一时期区域间贸易发展较快，与其他历史时期相比较突出而已。

五代十国时期，由于中原王朝疆域缩小，对许多隶属的民族不再拥有管辖权，朝贡关系也随之中断。即使仍保持关系的一些民族，贸易额下降的幅度也是很大的。

这种情况主要是指与唐代相比而言的。在唐代内地与周边民族的贸易非常繁荣，突厥、吐蕃、契丹、党项、回纥、室韦、靺鞨、南诏及西域中亚各族都与内地保持了比较密切的贸易关系，而且朝贡贸易也十分兴盛。

五代十国时期，对外贸易也很兴旺，陆路贸易线路向北转移，这就是"草原丝绸之路"。其具体走向是：通过今山西、陕西北部、内蒙古，再向西行；或者经今陕西北部、宁夏北部、内蒙古、唐努乌梁海，再向西行，到达今新疆北疆地区。

这条线路还可以经中亚草原直通欧洲。其中碎叶城就是东西商贸的集散地，由此向西南至阿拉伯海、地中海，向西北经中业草原，越过乌拉尔河、伏尔加河直至欧洲。

由于这条路线曲折偏僻，道路险阻，所以每年的贸易额有限，远不如传统的丝绸之路繁荣兴旺。

在五代十国时期，我国的对外贸易主要是通过海上交通线进行的，同时对外口岸和贸易额都发生了较大的变化。

从贸易口岸的数量看，除了原有的广州外，还增加了泉州、福州、杭州、温州、明州、台州、金陵、扬州、登州、莱州等港口。

金陵、扬州由于是通过长江口与海外进行贸易，故其对外贸易的繁荣程度比不上其他沿海城市。福州与泉州港都隶属闽国，也都是这一时期新建的对外贸易口岸。

杭州、温州、明州、台州等商港，都位于吴越国境内，对外贸易比较频繁。其中的杭州是盛极一时的对外贸易的大港口，许多商船从这里出发，驶向新罗、日本乃至远航至占城、大食。

五代十国时期，官营商业也有所发展，主要表现在对一些特殊物资的控制上，而且经营规模较大。

如楚国直接经营茶叶贸易的情况，吴国杨行密曾派遣军将把万斤

茶货运往汴州售卖，后汉派三司军将路昌祚到湖南贩茶，适逢南唐灭楚，被俘至金陵，南唐政府问明情况后，根据损失的茶叶数量，补偿其1.8万斤。以上这些都是官府经营商业的例子。

不仅内地存在官营商业的现象，即使在少数民族中也有官营商业的情况存在。如契丹曾派人以羊3万只、马200匹赴南唐贩卖，就是一种政府行为。

大批官僚上到皇家成员、后晋贵族，下到地方官员参与了商业经营，这虽然是一种个人行为，与政府无涉，但其经营之广，规模之大，加之其所具有的政治背景，成为一种重要的经济现象。

五代十国时期，主要表现在农产品商品化的趋势不断扩大上，从而使商品的种类进一步增加。

这一时期，南北方的贸易从唐代的以粮食、绢布为大宗贸易商品而转变为以茶马为大宗贸易商品，即北方的羊马与南方的茶叶相互输出。随着饮茶风习的盛行，饮茶风习逐渐由上层向社会下层普及，遂使其所需茶货数额有了较大的增长。因此，茶马贸易逐步发展，后来成为内地与周边民族贸易的最主要形式。

五代十国时期，海外输入我国的商品主要是香料、珍宝、药材、象牙等质轻而价重的商品。这一点与唐代相比并无大的变化，所不同的只是由于海上交通的发展，输入量有了较大的增长。

最大的变化在于中国对外输出的商品种类，除了传统的丝绸外，茶叶、陶瓷以及铜铁制品等都成了对外输出的大宗商品。

五代十国时期，北方经济发展滞后于南方，而南方诸国经济的变化主要表现在农业中经济作物生产的不断扩大上，从而为商业贸易提供了不少新的商品种类。

在当时，除了茶叶、桑蚕生产继续发展外，在蔬菜、水果、养蜂、养鱼、种药、花卉等行业都出现了专业化生产的发展趋势。反映了当时商品种类的增多情况。

比如许多农民变为专业化的菜农，以种菜卖菜为生活来源。再如因南方水果大量向外地销售，出现了专门从事水果经营的商人。

杨行密是吴国奠基人。江淮之间本为富庶之地，但是，经过长期混战，早已经变得疮痍满目。为了解决财政困难和物资短缺的问题，杨行密本想通过以茶盐换取民间布帛的方法来充实军用。

这时幕僚高勖建议：兵火之余，十室九空，应该召集流散，轻徭薄赋，劝课农桑，使社会经济在战争的间隙获得恢复。

杨行密采纳了这个意见，通过与外地开展贸易的办法来筹募军费，结果未及数年，公私富庶，为吴政权奠定了坚实的物质基础。

知识点滴

两宋城镇商业的繁荣

经历了经济文化繁荣的隋唐，宋朝成为我国历史上经济最繁荣、科技最发达、文化最昌盛、艺术最高深、人民生活水平最富裕的朝代。宋朝是我国古代唯一长期不实行"抑商"政策的王朝。

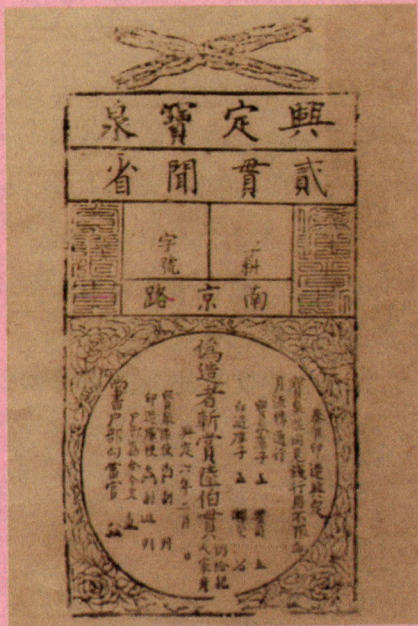

在宋代，由于社会商品经济的迅速发展，城市的经济职能有了进一步加强。在城市建设上，那种传统的坊里制度逐渐被打破，出现了临街设店的景象。

而在我国商品流通的历史上，产生并逐渐推广了纸币"交子"，"交子"的出现与应用，更是进一步推动了两宋商品经济的发展，特别是推动了商贸的大发展，奠定了我国商业的基础。

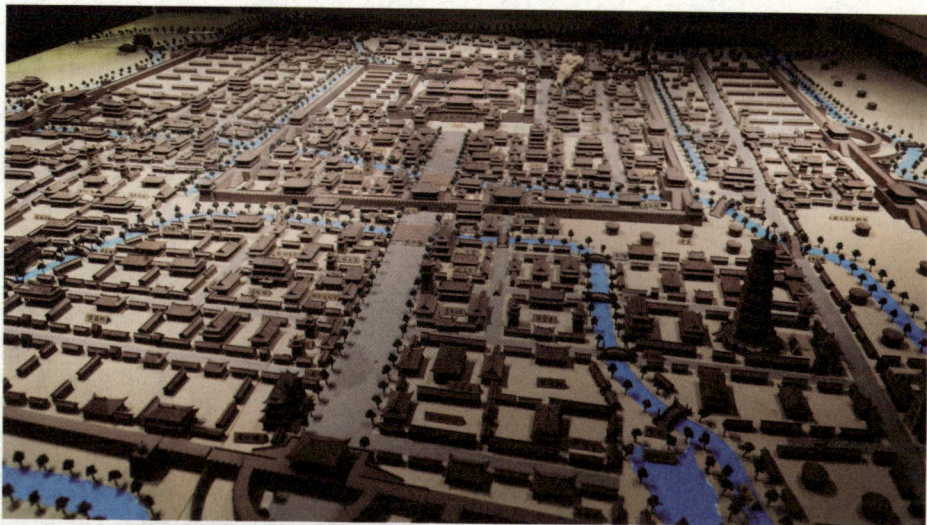

城镇的兴起是商业发展的结果，它是由贸易集市发展而来的。两宋发达的集市贸易在城市商业中得到了集中体现。

两宋城市在前代城市基础上得到进一步发展，并出现许多新特点，致使宋代成为我国城市发展的又一个重要历史时期。

首先，宋城继承和发展了自唐都长安以来的我国古代大城市建设经验，城市规划相当科学，城市功能区划清晰合理。

其次，宋在城镇规模上空前盛大，人口繁密，北宋都城开封和南宋都城临安人口达百万以上。

最后，城市商业职能强化，两宋时期城市工商业空前发达。

城市的发展受多方面因素影响，其中商业对宋代城市发展起到了相当积极的作用，对城市社会经济结构、思想文化、生活方式等各个领域都产生了巨大而深远的影响。

宋代社会生产力飞速发展，促使城市经济快速发展。城市工商业极度繁荣，生产力水平提高，使第二、第三产业得到了极大的发展，人民生活水平达到了空前的高度。

在手工业方面，两宋时期也较隋唐发达，门类的不断扩大，以及分工更加细密。主要表现在矿冶、陶器、造船、兵器、纺织、造纸、制盐、制糖等。而空前发达的海外贸易，促进了双边贸易的发展，加速了贸易口岸城市经济的发展。

由于商业的快速发展，城市的经济职能有了进一步加强。在宋代，我国首次出现了主要以商业，而不是以行政为中心的大城市。这一时期许多以政治职能为主的城市已逐步演变为政治、经济职能并重的城市，城市类型开始多样化。

从经济角度看，两宋时期的经济性城市类型大体上可以分为工商型城市、商业型城市和手工业型城市等类型。例如，北宋时期开封是重要的工商业都会，南宋国都临安等地是当时全国最主要的丝织业中心。新的城市职能与新的城市建设相互促进，商业职能的强化对城市商业配套设施提出更高要求。两宋时期城市建设上最大的特点是城市布局打破"坊""市"界限，商业活动不再受区域限制。

在唐代达到顶峰的里坊制度逐渐松动瓦解，坊墙被突破，街道的商业形态诞生并带来了蓬勃丰富的城市生活，并出现了夜市和早市。到北宋中期以后，一些城市的中心形成了商业街，逐渐形成了商业街交织连贯的商业格局。

当宋代坊墙被打破，坊的管理制度不再存在时，城市的肌理在人的认知上发生了巨大的变化。商业的发展促使城市商品运输交通的发展，水陆交通发达为人类封建史之最。

北宋都城东京的居民已面街而居，在街上开设店铺，出现了工商与居民杂处的局面。以后，随着店铺的日益增加，形成了若干条商业街，商业街成为主要的贸易场所，终于取代了昔日的市。北宋东京彻底改变了唐以前的坊市制度，开辟了我国封建社会城市商业发展史的新阶段。

北宋都城东京开封，自五代后梁建都以后日益繁华兴盛，到北宋时已发展为当时世界上百万人口的特大城市，商业也空前繁荣。

开封城内形成几个繁华的商业街区，宫城正南门宣德门前的南北

向大街称为御街、天街，自州桥出内城正南门直至龙津桥，是主要的饮食业中心之一。城内著名的酒楼、姜店、药店、班楼等林立，诸酒肆瓦市，不因风雨寒暑而停，有的甚至通宵营业。

东京城内的商业繁华情况，南宋初的孟元老在《东京梦华录》中还有很翔实的记载。

宋室南迁，定都临安府，称为"行在所"，是南宋的政治中心，全盛时人口达百万，取代北宋的开封成为当时世界上最大的都市。

南宋时，随着农业、手工业以及整个社会经济的发展，城镇商业也更为繁荣。

新兴的商业镇市已彻底改变了旧有州郡规格和性质，由区域的单一政治中心变为政治、经济双重中心。这类本设于城镇之外的草市，随着"坊市合一"的历史进程也逐渐融于都市之中。

与此同时，随着城市经济的发展，强烈的商品意识在社会中滋长与蔓延，并无孔不入地向社会生活的每一个角落渗透。坊市合一、宵禁废弛，作为城市社会主体的市民阶层表现出旺盛的生活热情和欲望，创造出带有明显商品化色彩的都市文化生活，崭新的都市文明从

此诞生。

在临安城内主要的商业街市上，珠玉、珍异及花果、时新海鲜、野味、奇器尽集于此。以至在朝天门、清河坊、中瓦前、灞头、官巷口、棚心、众安桥等地店铺林立，人头攒动。

南宋孟元老所著的《都城纪胜》中，记载和描绘了临安府城的商业盛况。临安城所需米"赖苏、湖、常、秀、淮、广等处客米到来"，"杭城常愿米船纷纷而来"。商船买卖往来，不绝河道。

这些是临安城所需部分商品的产地及经水运到达的情况。临安城当时的商业盛况，在其他史籍中也有记载。

开封、临安是北宋和南宋的都城，是全国的政治中心，成为全国最大的城市和最繁华的商业市场。其他城市则是各路首府所在地的府、州城，既是该路的政治中心，大体上也成为路内最繁荣的商业市场。

在当时，各府、州、县城及镇市的商税额数的多少，在一定程度上反映了这些府、州、县城及镇市的商业繁华程度。

1077年，各路府州县及镇市的商税额，23路首府的商税额相差较大，以两浙路首府杭州最多，达8.2万多贯，而最少的广南西路首府桂州只有6600多贯，还不及杭州的十分之一，大多数路的首府商税额都在3万贯以上。

从各路所属州、府城市及镇市"商税额"的情况来看，长江流域的商业最发达，其次为黄河流域，珠江流域最不发达。长江流域中最发达的是太湖流域，除杭州外，两浙路所属的苏州为5.1万多贯，湖州为3.9万多贯，秀州为2.7万多贯，常州为2.6万多贯，润州为2.5万多贯，江南东路首府江宁府为4.5万多贯。

另一个发达的地区是以成都为中心的川西平原，成都府城6.7万多贯的商税额，在23路首府中居第二位。附近的汉州为4.8万多贯、绵州为5.4万多贯、彭州超过3万贯，而且这些府州属县包括少数镇中有不少超过1万贯，成都西南不远的广都县更达到2.2万多贯。

上述这些情况，不仅反映了南宋时期川西平原经济的发达，更直接反映了城镇商业的兴盛。

知识点滴

北宋东京出现了娱乐场所"瓦肆"。东京有数十个称作"瓦肆"的娱乐场所和50多个称作"勾栏"的表演场所。其中，大的瓦肆可以容纳顾客数千人。

这些场所，每天都吸引了大批的顾客和观众，既有众多的市民，也有官僚、士大夫涉足其间。

娱乐活动也很丰富，有演戏的，说书的，还有表演杂技、摔跤、踢毽子的。其中，常见的戏种有傀儡戏、皮影戏、参军戏。瓦肆不仅是娱乐场所，也是买卖生意兴隆的地方。

两宋时期的边贸外贸

宋代曾经与辽、金、西夏少数民族政权并存。榷场是宋代官办边境贸易场所，以通辽、夏、金的互市贸易。榷场有专门的官吏主持和监督，交换各自所需求的大宗商品。宋太宗赵炅时期，宋辽间就已在宋境的镇州等地设置了榷场。

因受战争影响，宋代的贸易方向主要是海洋。所以，宋代设立了一个专门机构"市舶司"来管理对外贸易以及获得从对外贸易中所获得的利润。

在市舶司主持下的两宋海外贸易，对社会经济和国家财政的影响也远远超过前代，开创了我国在对外贸易中的主导地位。

宋代经济发达，除了与农业、商业政策有关，还与宋朝科学技术的发展有关。宋代在科学技术方面取得的巨大成就，在当时居于世界的前列，不但在我国历史上是伟大的，就是联系整个中世纪世界史，也是极为罕见的。正是宋代特有的农工商政策，致使当时的边贸外贸与汉唐相比有了突飞猛进的发展。

宋初对与辽的互市贸易并未设官署管理，977年初，北宋中央政府在河北路的5个州设"榷场"，与西夏进行香药、犀牛角、象牙及茶的贸易往来。

宋真宗曾下旨在延州、保安军设置榷场，宋以缯帛、罗绮兑换西夏的骆驼、马、牛、羊、玉、毡毯、甘草，又以香药、瓷漆器、姜桂等物兑换西夏的蜜蜡、麝脐、羱羚角、柴胡、苁蓉、红花、翎毛。

后来又在陕西路、河东路设置榷场，当时商贩如织，任其来往，反映了宋夏边境贸易的盛况。宋夏开战后，榷场贸易停止，议和后又恢复了榷场贸易。

宋初与辽的关系是时战时停，榷场也时开时停。991年，宋辽在雄州、霸州、静戎军、代州雁门寨，置榷署开展贸易。

1004年，宋辽订立"澶渊之盟"，次年即在雄州、霸州和安肃军三地设榷场，又于广信军设榷场，被称为"河北四榷场"。宋方的货物有帛、漆器、粳糯，输入的商品有银、钱、布、羊、马、骆驼等。

宋金榷场贸易始于"绍兴和议"后的1142年，首先建榷场于盱眙军，以后又置于光州、枣阳军、安丰军西北的花靥镇。

当时规定，货物价值在100贯以下的称为小客。每10人为一保，留一半货物在宋方榷场，带一半货物到金朝榷场交易，并购买金方货物回宋寄留在榷场后。然后将另一半货物运往金朝榷场贸易，统一计算往返货物的总钱数，按十分之二抽息钱归官府。

所带货物价值在100贯以上的商人称为大客。客商与货物都只能留在宋方榷场等候金方客商前来贸易，宋方货物主要是粮食、茶叶、各种手工业品、书籍及外贸而来的药材、手工业品等。

1159年，因金入侵，南宋只保留盱眙榷场，关闭了其他榷场。"隆兴和议"后，南宋于1165年复设盱眙、花靥镇榷场，将原枣阳榷场移至襄阳府西北的邓城镇，光州的榷场设于所属光山县北的中渡市，重开宋金榷场贸易。事实上，宋方在榷场贸易中获利是很大的，北宋与西夏、南宋与金的榷场贸易中的情况也大体如此。

宋的海外贸易自971年后才有了南方的海港，同年设置了第一个海外贸易的一级管理机构，这就是当时的广州"市舶司"。

后来，宋中央政府于杭州设两浙市舶司，992年移杭州市舶司于明州定海县，就是现在的宁波镇海。其后，杭州、明州各置市舶司。

北宋中期以前，只有广州、杭州、明州三地设置市舶司，船舶到达其他沿海港口，都要赴近处的市舶司勘验。这种做法，显然不能适应海外贸易日益发展的需要。于是，北宋政府在户部尚书李常的建请下，于1087年10月，首先于福建路泉州增设市舶司。

北方的密州板桥镇，是一个内外贸易都兴旺的镇市，北宋于1088年设置了北方唯一的市舶司，并升为胶西县。北宋末年，又在秀州华亭县设置二级机构"市舶务"，后因航道淤塞而暂停，疏浚后复设。此外，镇江、平江府虽未设市舶机构，但有主管舶货贸易的税务监官依市舶法进行管理。

南宋将两浙路市舶司移至秀州华亭县，即今上海市松江县。说明上海地区在南宋时，已成为华东地区海外贸易的中心。除本处外，还在临安府、明州、温州等设市舶务，后又于江阴军设市舶务。

知识点滴

宋朝对海外贸易十分重视，南宋时期更是如此。活跃的外贸活动，促使宋代造船技术十分发达，所造海船载重量可达5000石，相当于现在的300吨。北宋后期，指南针已广泛应用于航海，还出现了记载海路的专书《针经》。

与宋朝有海上贸易的达50个国以上，进出口货物在400种以上。进口货物主要为香料、宝物、药材及纺织品等，出口货物主要是纺织品、农产品、陶瓷、金属制品等。

元代商业的空前发展

　　元朝由蒙古族人忽必烈建立，是我国历史上第一个由少数民族建立的大一统帝国。元朝规模空前统一，对外关系的开拓及畅达四方的水陆交通，为中外商旅提供了商业发展的优越环境。

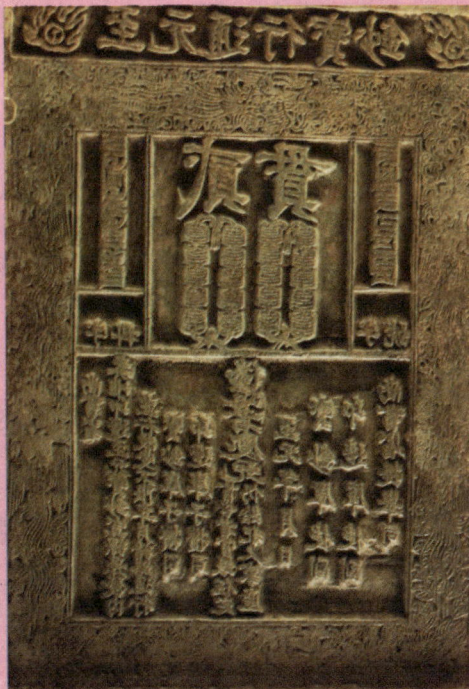

　　由于蒙古族对商品交换依赖较大，故元朝比较提倡商业，使得商品经济十分繁荣，使其成为当时世界上相当富庶的国家。

　　为了适应商品交换，元朝建立起世界上最早的完全的纸币流通制度，是我国历史上第一个完全以纸币作为流通货币的朝代。

元代商业有空前的发展，与元朝盛世统一南北东西，结束长期纷乱的割据战争有重要联系。其时，我国南北东西都形成了商业发达区。元代商业交通网络的发达，商业市场的增多，中小商业经营者的增多，使其时人们的商业意识较前代更为浓厚。

元代商品生产有显著发展，并且这种发展与元代商业政策具体内容相联。据《元史·食货志》《元典章》及其他众多史籍加以概括，主要有以下数种：鼓励通商、减轻商税、保护商道安全、维护商贾资财。在这些政策的作用下，众多的农牧业和手工业产品开始商品化。

在元代，有不少土地所有者，利用土地进行商业性的土地经营，开展商品生产。于是大量的棉、麻、丝、茶、糖、粮食等产品被投入市场。就粮食市场而言，不仅在发达的内地，而且在偏远的漠北草原城市和林等地也出现了。

由于农业的发展，以及某些对社会生活发生重大影响的经济作物种植区的出现，粮食商品化的程度大大提高。其时，工商业发达的城

市，依赖商品粮食的供给。

经过商贾将米粮贩运至缺粮地区，稻米和面粉都有出售。北方粮食供应依靠南方，每年由大运河或海道转运粮食。元代南粮北调规模之大，是从前任何一个朝代都不能比拟的。

在元代粮食市场发展过程中，还出现了一些左右市场的大米商。他们垄断粮市价格，势力之大，取利之丰，是前代范蠡、白圭、子贡等不及的。

元时曾负责海运南粮工作的要官朱清、张瑄，是江南首富，《辍耕录》卷五《朱张》记载：朱、张两家门庭盛时，田园宅馆遍天下，粮仓相望。

他们既然是经营粮运起家的暴发户，其众多的私仓中应多储粮之仓。而这些囤积之粮，正是他们垄断粮食市场价格取利的重要条件。应该说朱、张二人是元代最大的垄断粮市价格的大米商。一般的中小米商在粮食市场上是竞争不过他们的。

在元代，粮食转化为商品，并不仅只有直接投入市场转售一途，

它还通过酿酒业实现。从历史记载看，当时商品粮除供给城市居民直接消费外，还有很大一部分用来酿酒，进而使之转化为饮料类型商品。据记载，元代中原粮食由酿酒之途转化为商品的量实在是惊人的。

在元代，竹木业、菜园果园业、纺织业以及与纺织业相关的染料作物种植业中的商品生产均有长足发展。茶叶种植业、桑棉种植业的商品生产也引人瞩目。至于景德镇瓷器、松江棉布、杭州丝织品、福建荔枝生产的商品化更为突出，名播中外。

从上述情况中可以隐约窥见，元代商品生产在某些方面相当发达。农产品和手工业产品交换的发展，也使元代的商品经济出现更兴盛的局面。

元政府重农，措施极详，且又重视至极，但不抑商，这是元代商业繁荣与国内和国外贸易发达的重要原因。

元代商业之盛不只表现于国内贸易领域，对外贸易也盛极一时。其时对外贸易通过海、陆两路与亚非欧各国大规模开展。

元时丝绸之路，从今甘肃敦煌沿天山南北路往西延伸。又增加了经里海以北抵达黑海北岸的钦差道。但波斯道依旧重要。

伯颜元帅灭南宋后，海道贸易逐渐在元代对外贸易中占据主要位置。原因在于海道贸易地域更广，运载货物更多，来往更便捷。

元政府对海外贸易是采取积极支持和鼓励政策的。元代有众多的海外贸易港口，有远比宋朝更加细密的海外管理规章，且放任主义的色彩极浓。这种情况集中体现了元政府对外开放的经济国策的进步性。

在元代的海外贸易中，我国出口的物资颇多，深受外商欢迎。其时，我国商人与外商交易，一般都是平等的。

元代的海外贸易，对加强元代与海外各国经济文化的交流，促进元代自身经济的发展，增进我国和亚非欧诸洲各国人民的友谊起到了不可低估的作用。

意大利人马可·波罗除对大都商业发展状况有大量记载外，还对全国其他地区商业发展状况作了记述，可以说元时全国商业的盛景尽收其笔下。尤其详细记述了元大都的经济文化和民情风俗。

在元代商业发展的过程中，为数众多、遍及城乡的中小商人功不可没。他们开店坐肆、跋涉贩运。他们的足迹留于大江南北之区、边疆偏僻之域、沿海港口岛屿。应该说，他们是元代商业的主要经营者。在这之中，元代回族商家可谓独树一帜。

元代的回族商人利用其政治地位的优势和国家对商业活动的保护

政策，充分展示了他们善于经商的特长，"多方贾贩"，其足迹遍及全国，对繁荣经济、促进物资交流有一定的贡献。

如在地处河西走廊的肃州东关，专设有回族商人经商的街道，其"富庶与城内埒"。回族商人把国外进口的包括象牙、犀角等在内的宝物，各种布匹，沉香、檀香等，不同种类的珍贵药物以及木材、皮货、牛蹄角、杂物等商品贩运至大都、上都等城镇，把南方的粮食输往大都、上都及北方缺粮地区，又把中原的物资运销至漠北等边远民族地区。

亦集乃路地处边陲，位置在现在的内蒙古额济纳旗东南，当时是草原丝绸之路纳怜道驿路上的重要枢纽，也是通过大戈壁进入蒙古腹地之前的供给基地。

元时这里有不少回族商人在此经商。他们在沟通大漠南北物资交流、维护草原丝绸之路畅通方面做出了很大贡献。

元政府规定"往来互市，各从所欲"。回族商人既由陆路通商，又有海道兴贩。对于由海陆两道而来的回族和信仰伊斯兰教的商人，元政府仍予以优厚待遇。

东来的回族商人具有雄厚的经济势力，其商业活动直接影响元朝财政，他们来华贸易中缴纳的关税和其他"例献"

之物，是元中央与地方政府重要的财政来源。

元代在市舶司管理、市舶条例制订等方面在宋代基础上进一步完善，外贸商品中更多，与我国发生外贸关系的国家和地区更加扩大，海上丝绸之路进一步延伸，交通繁忙畅通，海外贸易空前繁荣。在对外贸易中，回族商人对元代市舶司的建立与扩大，市舶司制度的完善，招徕海外客商来华贸易等方面，贡献很大。

1277年，元朝在泉州、宁波、上海、澉浦等地相继设立市舶司，后又增设温州、杭州、广州三地市舶司。回族商人利用已经取得的政治、经济优势，基本控制了元代海外贸易。

元代回族商人主要活动于北京、杭州、泉州、昆明、兴元、甘州、凉州、广州、和林等众多的城市。这种情况，可以从许多历史典籍记录中得到印证。

元时北京的回族人共有2900多户，其中多富商大贾兴贩营运，可见元代北京的回族商人数目不少，而颇有经济实力，相当活跃。

元时东南沿海的城市里，回族商人的活动也很活跃。广州是元代回族商人聚居之地。比如蒲庚就是元时有名的回族富商。他的家族有经商传统，其祖先由阿拉伯东迁，曾是占城的贵人，后来又成为广、泉二州的大富商。到了蒲庚这一代，更成为著名的大商人。

泉州是元代最大港口之一。这里的番货、异宝、奇货甚多，号为天下最，其中有不少人是回族富商，有的富商所用之舟近10艘，称之为豪富不算过分。在元代南方回族商人中，多数人是香料经营世家。其中许多家自唐、宋以来就专营此项买卖。他们当中的大贾巨商极善谋利，凡是比较大的商业城市中，必居其津要，获利颇丰。

知识点滴

马可·波罗在我国期间，借奉元世祖忽必烈之命巡视各地的机会，走遍了我国的山山水水，我国的辽阔与富有让他惊叹了。每到一处，他总要详细地考察当地的风俗、地理、人情。在回到大都后，又详细地向忽必烈进行汇报。

在《马可·波罗游记》中，马可·波罗盛赞了中国的繁盛昌明：发达的工商业、繁华热闹的市集、华美廉价的丝绸锦缎、宏伟壮观的都城、完善方便的驿道交通、普遍流通的纸币等。书中的内容，使每一个读过这本书的人都无限神往。

贸易政策

　　明清两代是我国历史上的近世时期。明清时期商品经济有较大发展，贸易十分活跃，许多地方特产进入市场，进行商业贸易，并出现了牙行、牙人等中间商。

　　明清两代政府制定的市场经济制度及其管理，顺应了社会经济发展的需要，促进了商业和商品经济的发展，使国内外贸易逐步走向规范化和专业化经营。

　　明清时期的商帮、会馆与公所，是由地域关系联系在一起的商业集体和商人社团。它们的形成和发展，从一个侧面反映了我国近代商业发展趋势。

明代市场经济的管理

明朝是我国历史上最后一个由汉族人建立的王朝。明朝建立伊始，中华大地经过战乱的破坏，一片凋敝，市场经济普遍低迷。对此，朱元璋实行"发展生产，与民休息"的政策。农业生产的恢复发展，促进了手工业和商业的发展。

经过几十年的休养生息，社会经济得到恢复发展，大量富余的农产品尤其是经济作物产品和手工业产品进入流通领域，刺激了市场的迅速发展。

明代市场经济制度的制定与管理，也经历了由零散到比较系统，从较大随意性到逐渐有序的特点。大致反映了整个明代商制形成和发展的过程。

明代市场经济由最初的不景气，到各地市场繁荣并日臻成熟，表现为市场规模扩大、交易品种逐渐增多，而且其结构也向多层次、多方位、行业化方向发展。

在这种情况下，明朝廷及时进行规范，由此形成了一套比较齐备的市场管理制度。与此同时，市场本身在实践中，还约定俗成了贸易参与者务必遵守的一些条规和守则。

明代城市市场由兵马司兼管。1368年，明太祖朱元璋令在南京兵马司兼管物价、管取缔违法营商的市司，并规定在外府州各兵马司也一体兼领市司。1404年，北京也设城市兵马司，迁都北京后，分置五城兵马司，分领京师坊铺，行市司实际管辖权。

明代市场管理项目众多，除了历朝历代都有的商税外，其他主要有度量衡管理制度、物价管理制度，以及对牙行的限制制度等。

度量衡的统一，是市司公平交易的保障，明代朝廷对此高度重视。1368年，明太祖下令铸造新的铁斛、铁升，以为标准量器。

第二年再下令，凡斛斗秤尺，由官府定样制造，并打上烙印。明令市场贸易所用的度量衡必须与官定标准相吻合，且经官府核定烙印后，方可用于市场交易。

当时各地对依标准样生产度量衡器具十分严格，如明中叶人陈铎描写等秤铺的制作，要求等秤：

锤儿无捅移，杆干要正直，量数儿须匀密……轻重在眼里，权衡在手里，切不可差毫厘。

朝廷还严格对度量衡的监管：一是派兵马指挥司两三日一次定期校勘；二是针对违法作弊现象，制定法律，给以一定处罚，其中如杖六十、杖七十、笞四十等。

统一度量衡制度对买卖双方进行公平交易提供了保障，有利于市场的发展。

物价平稳、合理，是市场有序乃至国家安定的一种表现，也是市场贸易渠道畅通的关键之一。朝廷对此一直很重视。

1368年，明太祖针对当时物价起伏较大的情况，决定由官方确定物价，并向民间公布。又制定"时估"制，对价格直高不下的货物，随时估计，以平抑市场价格。又规定民间市肆买卖，将价格从实申报于上司。以防哄抬物价，扰乱市场。

朝廷为掌握平抑物价的主动权，通过国家行为，如建立预备仓、实行平粜制度等，来保证物价的平稳。而对于赢利过多的行业，政府则采取限制措施。

商品质量问题，一般由商品经销者自己来把握，但政府规定，伪劣与不合格商品不得在市场交易，否则要受到制裁。平抑物价和质量管理制度，对于约束奸商，维持正常的市场秩序，均起过积极作用。

牙行是市场贸易中为买卖双方说合的中介人，也称之为"牙侩""经纪""牙人""驵侩"等。他们协助官府参与街市校勘度量，平抑物价，辨识假银、伪钱，征收商税等市场管理工作，并为卖方提供膳宿、货栈、交通方便以及为买卖双方牵线说合等，在大宗贸易中充当重要角色。

正因为如此，不少牙商就利用对市场行情的经验和政府给予的特

权，把持行市，扰乱正常的市场贸易秩序，从中渔利。

明初，明太祖曾有意取缔一切官私牙行，但实际上根本行不通，最后只好撤销原议，同意设牙行，同时对他们设定限制。对"高抬低估"物价、"刁蹬留难"商贾的牙商给予严处："拿缚赴京，常枷号令，至死而后已，家迁化外。"这是对不法牙行实行的法律管制。

明中、后期，国内较大的商贸都通过牙行进行，牙行的存在和活动完全合法化。政府允设官牙与私牙两类。

官牙是政府、诸王开设在各地的官店和市镇中协助地方官府征收商税、管理市场的牙行；私牙即是一般的经纪人。政府对官牙与私牙的身份也有明确的规定。

朝廷还规定牙行可以从事的合法活动：领到官府颁发的印信文簿后，在交通要道上，如实填写商人、船户的住贯、姓名、路引字号、

物货数目，每月赴官查照；将收来的税款，如数交付监察御史、主事稽考；说合买卖，代商贾买进卖出货物，帮助雇请车船、脚夫，解决客商停放货物、供应食宿诸问题，并从中收取牙佣；评估物价，缴纳牙税等。

对于在上述活动中有违法行为的牙商，明律定有处置办法：私充牙行，即没有得到官府批准，发给牙帖者，杖八十；所得牙钱隐而不交公者，笞五十并革职；在评估物价时，令价不平者、与商贾勾结者，一是罚没牙佣，二是杖八十等。

值得一提的是，在这些由商贾们在商业活动实践中约定俗成的店规、守则中，有不少是前朝少有，只有在商品经济发展到一定程度才出现的新鲜的经营管理模式。比如合资制度、伙计制度和账目制度等。

合资制度也称同本制，在中小商人中十分流行。因为这种合伙股

份式经营制度，虽不能使入股者在商业成功时暴富，却能使他们在商业失败时免于倾家荡产。

事实上，注重血缘亲族关系的大商人，也常合伙经营，或父子、兄弟、叔侄之间，或同里、同乡之人，结伙经营。

伙计制度的宗旨是以富资贫，凡经商而家贫者，富者则助金经营，时人称之为"伙计"。嘉靖、万历年间人沈思孝说：在山西豪商中，合伙经商者，名曰"伙计"。一人出本，众伙共商之，即富商出钱股，贫商出力股，双方共同经营。

伙计制度在大商人中较为普遍，正当时，一个拥有20万资金的富商，大小伙计就有百余人。这其中显然多是雇佣关系。伙计的职责和义务都各有规定。

账目制度是明代商人普遍采取的经营方法之一。记账格式，一般分"旧管""新收""开除""见在"4项。而且微物小钱，也必日月具报明白。可见当时的记账制度已相当完备。

有些商铺还建立掌事制度，也就是大店家专雇一名出纳财货之人，谓之"掌事"。掌事一般都足够谨慎，不仅慎重出纳款项，而且严守秘密。

明代这些新的经营管理模式，体现了明代商业经营文化的新水平，反过来，它们又推动了民间商贸的发展。

牙行产生于汉代，当时称"驵会"。从历史上看，经营牙行须经政府批准，并缴纳税课。牙行在交易中起代政府统治市场、管理商业，故也称官牙。

随着封建经济的发展，牙行的经营范围从为买卖双方之间作介绍，扩大到代商人买卖货物，代商人支付和存储款项，运送货物，设仓库保管货物，代政府征收商税等。

在城镇交易中，绝大部分商品的批发交易必须经过牙行之手。明代经营牙行者，须有一定数量的资产，经官府批准并发给执业凭证和账簿。

知识点滴

清代前期的内贸政策

清代前期国内商贸政策是针对不同的商业人群和商业活动而制定的。乾隆帝重视发展商业并给予宽松政策。金融机构，如经营汇兑和存款、信贷的票号等，在这一朝也开始出现。

清初期政府实施的商贸政策主要有规范，控制牙行、埠头，打击粮贩投机，放开非商品性产品，放开漕运贸易等政策。

清朝廷对商业观念的转变，以及制定的有利于商业发展的政策，是顺应社会经济发展的必然结果，这些政策促进了商业和商品经济的发展。

清代顺治帝时期，商业的全面推进非常缓慢。到清圣祖康熙时，他对商业提出"商民为四民之一"，认为只有利商才能便民。

他下令刊刻关税条例，对于不肖官吏于定额外于私行滥收者，依律治罪；文武大臣各管家人，强占关津要地不容商贾贸易者，则戴枷3个月，旗人鞭一百；规定各省一律用底面平准的升斗，同时规定了砝码重量和16两为一斤等。后来又开海禁，鼓励和促进国内外贸易的发展。

雍正时期是上述商业政策的巩固期。直到乾隆年间，清代商业发展到了繁荣时期。清高宗乾隆对商业非常重视，乾隆初年重新颁布了康熙初年刊刻的关税条例，禁除额外需索、私设口岸等陋规。在九江、赣江两关令商人将应纳税银自行投柜，实行三联串票，一交巡抚衙门，一存税署，一给商人。

由于乾隆帝时期商业的繁荣与发展，使嘉庆、道光时期的社会风气发生了明显变化，商人地位得到提高。清代各行各业都有牙人、牙行，每行人数不一。牙人有官牙和私牙之分；牙行也有私立牙行和官方牙行之别。清朝廷制定了严格控制牙行、埠头的政策，这是管理商业的又一重要举措。

官牙是由官方承认的牙行。官牙须向官府申请，由官府遴选查核，确系良民，并有邻居同行具结作保，方向其征税，发给"牙帖"，凭帖经营。

由于帖有定数，税有定额，所以有任意滥发牙帖的情况，商民深受其苦。因此，政府下令各部政使司因地制宜，定出该地"牙帖"数额，报部存档，不得任意增加。

后来又将给帖征税之权收回到户部，由户部给帖，各省转发，而以牙帖税解部。以此严格实行"牙行领帖制"，私充者杖六十，所得牙钱入官，容隐私充者笞五十。5年进行一次编审，清查换帖。

清代官牙的作用主要有两个：

一是代表官方进行物价评估，也就是通过牙行控制市场行情和交易。牙行规定：牙行之人评估物价，或贵或贱，凡是估价不公平者，计所增减之价处罚。"一两以下笞二十，犯止杖一百，徙三年"。如按盗窃论，120两以下为流犯，120两以上即判绞刑。

针对牙行的收购、售卖功能，一些小户可以把零星的产品送到牙行，使之代客收买，同时，牙行还可以把商人引到大户收买产品。

在当时，那些巨本经商、远方估客，非用牙行不可，否则难成交易。于是一些牙行的"囤迟卖快"，便为其控制市场行情和交易提供了条件。

二是代表官方对商人货品的监管。官方通过牙行埠头稽查商人货品，令其用政府发给的文簿登记客商船户的住址姓名、路引字号、货物数量，按月赴官查照，替官府监督商人加纳税银。

无税票者即系漏税私货，或货多而票数少开，票数于货数不符，也属于漏税情弊，地方官都可以严拿审纠，予以处置。

清代无论官牙和私牙，还是官方牙行和私方牙行，在市场中是并存的。政府为了保护官牙及官方牙行的利益，也为了通过官牙和官方牙行的管理、控制商人及商业和市场。

清朝廷在利用牙行管理商人及市场的同时，制定各项法规约束牙行。如用强邀截客货，通同牙行共为奸计等，严加管束，重者治罪。

清代商业贸易中粮食是最重要的商品之一，粮食贸易不仅直接影响到政权地位的稳固和社会的安定，而且由于谷物是众多小农进行商品交易的产品，直接关系到商品经济的发展。所以，清朝廷针对粮食贸易颁布了相关的法令法规。

在打击粮贩投机方面，官方下令湖广、江西巡抚派员查明有名码头、大镇米店买卖人姓名及所贩米数。每月终报告一次，通知浙江督抚严加控制。"各铺户所存米麦杂粮等项每种不得超过一百六十石。

逾数囤积居奇者，照违律治罪"。

为了疏通粮食贸易的渠道和加速粮食商品的流转，清朝廷也采取了种种措施。比如：江楚商人赴四川贩米或四川商人往江楚买粮，立即放行，不可遏阻；将直省各关口所有经过米豆应捐税额悉行蠲免。

此外，有关"把持行市"的惩治、度量衡的管理、商品质量的管理等方面也有律例规范约束。

由于清代赋税内容和赋税制度发生了变化，这不仅使得很多原来作为贡品上交官府的非商品放开进入了市场，而且一些作为实物税征收的粮食也进入了市场。同时，原国家征调的棉布也被放开，成为商品进入了市场。

清初严禁私卖的东北人参、貂皮等，也有一部分进入了市场，实现了商品化。比如宁古塔貂皮登市之初，由宁古塔将军挑选供貂，选毕即可自由买卖。

清雍正实施了"摊丁入地"后，除每年有数百万运往京师的漕粮外，其余的基本上以商品的形式进入市场，并实现了赋税的货币化。

商人也参与到军粮运售的行列中。粮食作为征税物放开之后，漕米又改征折色。漕米改折后，原靠国家运送的军粮军饷也要用货币购买。田赋交纳改用银两，故钱庄纷起，以兑换银钱为主要业务。

在赋税货币化转变的过程中，一些商人专门靠运售军粮发家。在清平定准噶尔叛乱之战中，山西的一个粮商运售军粮，颗粒无误，还兼做其他买卖，成为巨富。左宗棠征新疆之役，天津商人随军运售军粮，也是效益可观。此时，军粮运售成了具有商业性质的活动。

国家征调的棉布也进入市场。在官府采买的促进下，棉布迅速实现了商品化，白布登市交易，并无欺惑，以至远商云集，每日城镇市场中收布者颇多，出水马龙，热闹非凡。

清代漕运路线基本沿明代河运故道，南自瓜州、仪征的江口入运河，出河口由黄河入会通河，出临清北接卫河，直至沽溯路河达京仓所在地。每年航行运河的漕船六七千艘，多时上万，漕运主要由军队担任，兼雇一些民船或商船。

按照规定，漕船除了承载正耗粮米以外，可以附带一定数量的免税

货物土特产。如嘉庆时重船带南货150石，回空船可以附载北货60石，均免税。加上旗丁水手所带纳税的货物，和夹带的私货，数量更大。

这些货物或在沿途销售，或到京师或南方销售。由此带来了沿岸城市的经济繁荣，交易货物动辄数百万石。

知识点滴

隋、唐、宋、元、明、清历代均重视漕运，隋初除自东向西调运外，还从长江流域转漕北上。隋炀帝动员大量人力开凿通济渠，联结河、淮、江三大水系，形成沟通南北的新的漕运通道，奠定了后世大运河的基础。

清代咸丰时期黄河改道，运河浅梗，河运日益困难，随商品经济发展，漕运已非必需，光绪时期清朝廷遂令停止漕运。

历代漕运保证了京师和北方军民所需粮食，有利于国家统一，并因运粮兼带商货，有利于沟通南北经济和商品流通。

清代前期的海外贸易

康熙皇帝于1684年正式停止海禁，第二年便宣布江苏的松江、浙江的宁波、福建的泉州、广东的广州为对外贸易的港口，并分别设立江海关、浙海关、闽海关和粤海关4个海关，负责管理海外贸易事务。

这是我国历史上正式建立海关的开始。至此，清初的海禁宣告结束，我国的海外贸易进入了一个开海设关管理的时期。

在此期间，我国沿海以泉州、漳州、厦门、福州与广州先后崛起，成为贸易大城，操控对外国际贸易。

　　清代前期主要是实行开海设关、严格管理海外贸易的政策，所以整个海外贸易获得不断的发展，呈现出一派繁荣的景象。

　　主要表现是贸易港口、贸易国家、商船数量、进出口商品数量、贸易商品流通量的增加。几乎所有亚洲、欧洲、美洲的主要国家都来广东与我国建立了直接贸易关系。特别是从1784年"中国皇后"号首航广州开始，美国与中国发生直接贸易关系。

　　随着海外贸易的发展，穿梭往来的中外商船数量逐渐增多。据统计，从1684年至1757年，我国开往日本贸易的商船总数达到3000多艘。商船的吨位也很可观，一般的小船能载重100吨，中船可载重150吨，大船可载重250吨至300吨，最大的可载重600吨至1000吨。

　　我国的商船还从事东南亚各国与日本的转口贸易，如1715年至1733年，从广东、南京、宁波、厦门、台湾开往长崎的商船就有6艘是转运业务。

　　乾隆以后，到南洋去贸易的商船更多。驶往东南亚的帆船总吨位

达85200吨，每艘平均吨位一般为300吨。

清代前期，我国海外贸易的进出口货物品种之多，数量之大是空前的。当时输往日本的商品有：书籍、白丝、绫子、葛布、八丝、五丝、柳条、绫机、砂糖、甘蔗、茶、茴香、蜜饯、花生、药物，以及生活用品等。

输往东南亚各国的商品主要是丝、茶、糖、药材、瓷器和我国的土特产。还有瓷器、砖瓦、花岗岩石板、纸伞、粉条、干果、线香、纸钱、烟草以及一些土布、生丝之类。

输往欧、美各国的商品主要是生丝、丝织品、茶叶、瓷器、土布、麝香、朱砂、明矾、铜、水银、甘草、生锌、大黄、桂子、糖、冰糖、姜黄、樟脑、绸缎、丝绒等。其中以生丝、丝织品、茶叶、瓷器、南京土布为大宗。

在与外国的贸易中，我国从日本进口的商品有黄铜、白银，以及海参、鲍鱼、鱼翅、海带等。其中以银、黄铜为最重要。

　　南洋各国输入我国的商品的种类和数量也相当多。有米、石、象牙、沉香、速香、布、槟榔、砂仁、苏木、铅、锡、珀、玉、棉花、牙鱼、盐、角、燕窝、玳瑁、沙藤、打火石、水牛皮、鱼翅、海参、欧洲羽缎、毛织品、粗哔叽、印花布、竹布、海菜、胡椒、槟榔膏、鹿茸、鱼肚、鸦片等30多种。

　　欧美各国输入中国的商品种类、数量也很多。其中西欧各国的商品有香料、药性鱼翅、紫檀、黑铅、棉花、沙藤、檀香、苏合香、乳香、没药、西谷米、丁香、降香、胡椒、白藤、黄蜡、哔叽缎、洋参等数十种；美国输入的商品有皮货、粗棉、铅、人参、水银、檀香水，银元等。

　　最能说明清代前期海外贸易获得长足发展的，莫过于当时整个海外贸易的商品流通量值的不断增加。这一点，可以从开海设关贸易后的关税收入中体现出来。比如1729年的贸易值为1110多万两，比明代的最高年份也增长10倍。

　　为了贯彻严格管理海外贸易的政策，清朝廷制定了一整套管理内商和外商贸易的制度和措施。

　　清朝廷开海贸易后，规定山东、江南、浙江、福建、广东等省各海口的"商民人等有欲出洋贸易者，呈明地方官，登记姓名，取具保结，给发执照。将船身烙号刊名，令守口官弁查验，准其出入贸易"，但是只许"载五百石以下船只，往来行走"。出洋贸易人员，3年之内，准其回籍，3年不归，不准再回原籍。

又规定各省出海贸易商船，必须在大桅上截一半各照省份油饰，如浙江用白油漆饰，福建用绿油漆饰，广东用红油漆饰等。

清朝廷大力鼓励洋米进口，还对进口洋米的商民实行奖励。如运米6000石以上至10000石，生监给予县丞职衔，民人给予七品顶带。

作为一个主权国家的清朝廷，根据当时国内外的实际情况，规定商民出海贸易时办理一定的手续，限制商船贩运武器等危险品及少数其他商品；鉴于南方有些地方产米无多，禁止粮食出口，鼓励洋米进口，是正常的、适当的。

清代征收关税，袭用明朝旧制，有货税和船钞。"货税"即商税，根据货物量征收，基本上是一种从量税。"船钞"亦称船税、吨税，是按照货船体积分等征收的。

　　征收方法是由海关派员登船进行丈量计算，按等征收，税率也是很低的。不仅如此，清朝廷还实行减税和免税制度，优待外国商人。

　　清朝廷还建立行商制度，实行"以官制商，以商制夷"的管理海外贸易的制度。所谓行商，是指清朝廷特许的专门经营海外贸易的商人，亦称"洋商"，在广东俗称"十三行"。但"十三行"只是作为经营进出口贸易特有机构的统称。并不是说只有13家。

　　1720年，洋行商人为了避免互相竞争，订立行规，组织垄断性的"公行"。之后，为了便于管理海外贸易，清朝廷在行商中指定一家为"总商"，承充行商者必须是"身家殷实之人"，并由官府批准发给行帖，才能设行开业。

　　行商的主要职能是，代购销货物，代办一切交涉，监督外商。总之，举凡中外商品之交易，关税船课之征收，贡使事务之料理，外商事务之取缔及商务、航线之划定，无不操之行商之手。

　　行商不仅是垄断海外贸易，而且其他中外交涉事件，也由其居间经办，是外商与中国政府联系的媒介，实际上具有经营海外贸易和经办外交事务的双重职能。因此，外商与行商休戚相关，来往频繁。

行商制度对当时的海外贸易有促进的作用。首先，在当时外商对中国情况不熟悉、又不通中国语言的情况下，行商在外商与清朝廷之间提供联系，在外商与中国商人之间提供贸易方便，起了沟通的作用。其次，由于行商代洋商缴纳关税，外国商人免了报关交税的麻烦，得以集中精力进行贸易活动。

清朝廷还颁布了一系列"章程"和"条例"，对外商在华的活动加以防范和限制。如制定《防夷四查》《民夷交易章程》《防范夷人章程》等，均是清朝廷对外商的种种防范。

国际贸易发展的历史证明，即使是在西方，严格管制对外贸易也是正常现象，所谓完全的"自由贸易"是不存在的。因此，清代前期，在我国仍然是一个独立主权国家的条件下，清朝廷制定和实行这些管理制度，是有利于海外贸易发展的。

清代前期对外贸易中，对欧洲的瓷器输出量相当惊人，直至今日，欧洲人们提到更多的仍然是中国瓷器和中国丝绸，可见我国特产对欧洲人的影响。

据说，17和18世纪时，欧洲各国的皇宫贵族以及商贾名士，都很崇尚中国瓷器。

在当时交通不方便的情况下，多数人不可能到达中国这个东方神秘的国度，但是，如果在家里能够摆几件中国瓷器，喝茶、吃饭用上来自中国的瓷器，已经成为了一种身份的象征。

知识点滴

明清时期的五大商帮

　　"商帮"是我国历史上由地域关系联系在一起的商业集团。我国历史上有五大商帮，他们是：晋商、徽商、浙商、鲁商和粤商。

　　这五大商帮最活跃的时期是明清，尽管形成的时间并不相同，但他们支配着我国近代民间贸易，并在一定程度上影响了全国经济，构成我国民族商业轰轰烈烈的宏大景观。

晋商，通常意义的晋商是指明清500年间的山西商人，晋商经营盐业、票号等商业，尤其以票号最为出名。

晋商的兴起，是与商品经济的发展同步的。随着商业竞争的日趋激烈，为了壮大自己的力量，维护自身的利益，晋商的商业组织开始出现。

起初由资本雄厚的商人出资雇佣当地土商，共同经营、朋合营利成为较松散的商人群体，后来发展为东伙制，类似股份制，这是晋商的一大创举，也是晋商能够经久不衰的一个重要原因。

晋商发展到清代，已成为国内势力最雄厚的商帮。茶庄票号正是当时非常热门的行业。世界经济史学界把他们和意大利商人相提并论，给予很高的评价。晋商的发展不仅给他们带来了财富，而且也改变了当时人们多少年"学而优则仕"的观念。

特别值得指出的是，在晋商称雄过程中，一共树有3座丰碑，那就

是驼帮、船帮和票号。

驼帮从事的对外茶叶贸易。清代经营对俄罗斯、蒙古茶叶贸易的有许多晋商商号，渠家是其中一家。比渠家茶叶贸易规模更大的是被称为"外贸世家"的榆次常家。

当年我国出口国外的茶叶主要是两条通道。一条是从广东的广州和泉州出发把茶叶运到欧洲，经这条路出口的主要是绿茶；另一条是晋商通过陆路把茶叶运到俄罗斯和蒙古。

这条陆上之路在山西境内再往北运主要是靠"沙漠之舟"骆驼。当时，晋商把15峰骆驼编为一队，10队为一房。数房相随，首尾难以相望。驼铃之声在茫茫沙漠中日夜不断，飘荡四野，数里可闻。所以，晋商中经营对外茶叶贸易的被称为"驼帮"。由驼帮所从事的对外贸易是晋商历史上光辉的一页。

船帮出现在清代中叶，随着商品经济的发展，货币流通量猛增，但当时中国产铜量极低，仅靠云南产的滇铜远远满足不了铸币需求。

在这种情况下，山西商人组织船帮对日贸易采办洋铜。介休范家就是最为突出的代表。范毓宾时期，范家的商业发展到了鼎盛时期，被人们称为著名的"洋铜商"。

晋商在利用"驼帮""船帮"经商的过程中，真可谓是"船帮乘风破浪，东渡扶桑，商帮驼铃声声，传播四方。"写下了部部艰辛的创业史。但是，山西商人并没有只盯着洋铜和茶叶，山西商人的最大的创举是票号。

票号又叫"票庄"或"汇兑庄"，是一种专门经营汇兑业务的金融机构。山西票号商人，曾在我国历史上显赫一时。直至如今还流传着"山西人善于经商、善于理财"的佳话。

山西商人雷履泰首创"日升昌"票号后，业务发展迅速，规模扩大，在北京、苏州、扬州、重庆、广州、上海等城镇建立了分号。在日升昌票号的带动下，山西商人纷纷效仿投资票号。

如介休侯氏聘原任日升昌票号副经理的毛鸿翙为蔚泰厚绸布庄经理，毛氏到任以后，协助财东侯氏将其所开办的蔚泰厚绸

布庄、蔚盛长绸缎庄、天成亨布庄、新泰厚绸布庄、蔚丰厚绸缎庄均改组为票号，并形成以蔚泰厚为首的"蔚"字五联号，没过几年，便大获其利。

从此以后，晋商群起仿办，往往于本号附设票庄。票号的发展，大致在道光年间为兴起之时，当时全国51家大的票号中，山西商人开设有43家，晋中人开设了41家，而祁县就开设了12家。

经营票号的山西商人，对我国金融贸易的发展做出了重要贡献。

首先，山西商人资本的发展，使山西商人聚集了大量的货币资财，让白银源源不断地流回家乡，促进了山西手工业的发展，促进了全国商品物资的交流，加快了我国自然经济解体和商品经济发展的进程。

其次，造就了一代理财人物。山西商人资本不论是商品经营资本还是货币经营资本，一般都不是资本拥有者直接从事经营活动，多数是由财东出银若干，委托一个自己信赖的、精明能干的人来当掌柜，从事某项经营活动。

财东把资金运用权、人员调配权、业务经营权交给掌柜，独立自主地从事经营活动。定期结账一次，由掌柜向财东汇报经营成果。如果财东满意，就继续任用，财东信不过就可以辞退。

这种资本所有权与经营权分离，实行经理负责制的方式，再加上以后实行的"顶身股"制度，促使经营者工作不敢懈怠，把职工的利益和企业的利益结合在一起，促进了管理人才的出现，提高了经营效益，这在我国企业史上是有积极意义的。

再次，晋商舍得智力投资，举办商人职业教育。驰名中外的旅蒙商"大盛魁"商号，在外蒙古的科布多设有本企业的训练机构。

从晋中招收十五六岁的男青年，骑骆驼经过归化、库伦到科布多接受蒙语、俄语、哈萨克语、维吾尔语及商业常识的训练，一般为半年，然后分配到各分号，跟随老职工学习业务。

这种重视提高职工业务素质的办法，就是现在来看，也是很有远见卓识的。

最后，晋商首先创造了民间汇兑业务、转账和清算中心，首先创造了类似中央银行的同业公会，都显示了山西商人的精明能干和创造能力。山西商人最先打入国际金融市场，表现了他们敢于向新的领域开拓的风姿。

徽商即徽州商人，又称"新安商人"，俗称"徽帮"，是旧徽州府籍的商人或商人集团的总称。徽商最兴盛时期是在明代。

徽商经营行业以盐、典当、茶、木为最著，其次为米、谷、棉布、丝绸、纸、墨、瓷器等。其中婺源人多茶、木商，歙县人多盐商，绩溪人多菜馆业，休宁人多典当商，祁门、黟县人以经营布匹、杂货为多。

徽商除了从事多种商业和贩运行业外，还直接办产业。休宁商人朱云沾在福建开采铁矿，歙县商人阮弼在芜湖开设染纸厂，他们边生产边贩卖，合工商于一身。

徽商经营多取批发和长途贩运。休宁人汪福光在江淮之间从事贩盐，拥有船只千艘。一些富商巨贾，还委有代理人和副手。

徽商遍布全国，与晋商齐名，到处有徽商足迹。经营品种广泛，盐、棉布、粮食、典当、文具笔墨无所不包。

徽商老号有张小泉剪刀、胡开文墨业、曹素功墨业、胡雪岩创办的国药店胡庆余堂、一代酱王胡兆祥创办的胡玉美酱园、王致和臭豆腐、谢裕大茶行、张一元茶庄、汪恕有滴醋和同庆楼等。

"徽商精神"一直是人们崇尚的商业精神，如爱国、进取、竞争、勤俭、奉献，以及团队精神等。徽商在从事商业经营，贡献物质文明的同时，也在积极地参与各种文化活动，为当时的文化发展做出了贡献。

徽商正是凭着他们特有的徽商精神，从而能够从无到有，从小到大，乃至于发展为雄视天下的大商帮。这种精神植根于中国传统文化的土壤之中，又被徽商进一步发扬光大。徽商精神不仅是徽商的巨大财富，更是徽商留给后

人的宝贵遗产。

浙商一般指浙江籍的商人，实业家的集合。浙江先后产生过湖州商帮、绍兴商帮、宁波商帮、温州商帮、台州商帮、义乌商帮等著名浙商群体。

明代，江浙一带成为我国经济较为发达的地区之一，商品经济较为发达，也产生了我国早期的资本主义萌芽。清朝末年，浙江商人成为中国民族工商业的中坚之一，为我国工商业的近代化起了很大的推动作用。

湖州人沈万三是明初天下首富，清末镇海人叶澄衷是我国近代五金行业的先驱。而以经营辑里丝起家的刘镛、张颂贤、庞云镨、顾福昌这"四象"为首的湖州南浔商人是我国最早的强大商人群体。以虞洽卿、黄楚九、袁履登为代表的宁波商人，曾经叱咤于当时的远东第一大城市上海。

浙商具有勤奋务实的创业精神，勇于开拓的开放精神，敢于自我纠正的包容精神，捕捉市场优势的思变精神和恪守承诺的诚信精神。

浙江商人的特点是和气、共赢、低调、敢闯。一般认为，最为活跃的商人为温商，最为吃苦、敢闯的商人是萧绍商人，最为活跃的商人城市为义乌市，最有代表性的商帮为宁波商帮，最低调的浙商是越商。

浙商精神激励浙商不断创新的创业模式，推动和促进了浙江乃至国内外区域文化的丰富发展和区域经济的繁荣兴旺。

鲁商是明清时期山东的商业群体，以"德为本，义为先，义致利"的商业思想著称，具有深厚的历史渊源和强大的生命力。

鲁商将春秋战国时期齐国的工商思想，糅合了儒家学说中的"仁、义、礼、智、信"与"温、良、恭、俭、让"等积极地为社会所普遍推崇的道德观、价值观，承袭了宋代繁荣的城市商品经济和山东地区特色经济，繁盛于明清时期。

明清时期山东商人主要来自齐鲁两地，即山东半岛的登、莱、青三府和鲁中的济南、济宁等地。前者因地少人多，养生者以贸易为计，加上海运道通，商旅往来南北，风帆便利，故大商人辈出。后者则处于全省中枢，且附近物产丰富，可输出商品较多，或处于运河沿岸，工商业较发达。

明清以来的鲁商有许多

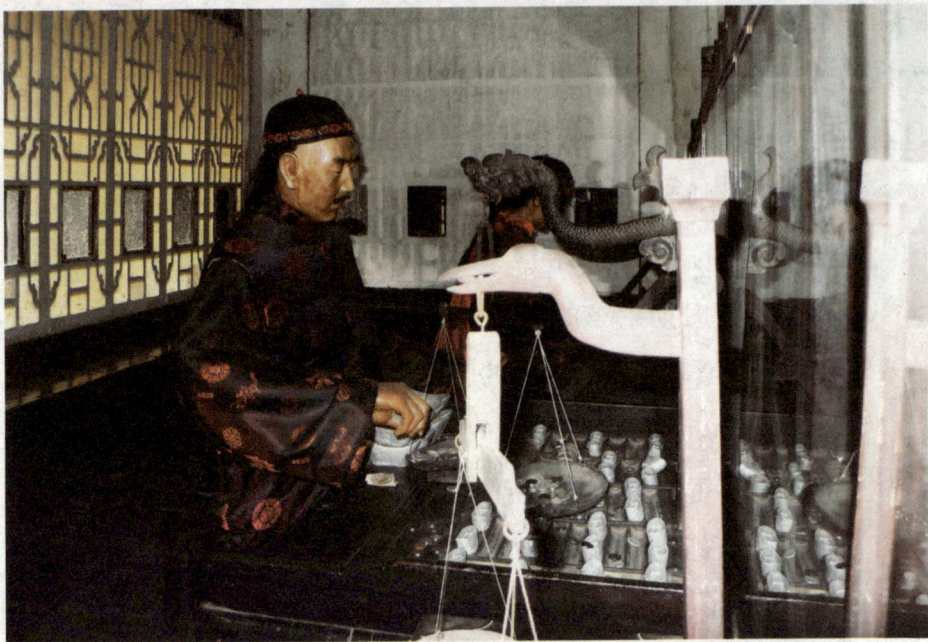

亦工亦商，其经营方式是"前店后坊"，如周村生产经营烧饼、布匹的商人。周村成为中国北方最大的商贸中心，它一个月的税收额曾与陕西省一年的税收相当。

鲁商在发达的市场经济思想影响下，形成了独具特色的鲁商文化：以义致利，诚信为本，乐善好施，务实肯干，以酒会友。

这样一个颇具特色的商业群体，丰富了鲁商文化的内涵，构成了我国古代商业文化的一个重要组成部分，也孕育了近代中国政治、经济、社会、文化领域新的革命。

粤商崛起于明清时期，并形成我

国一大商帮，绝不是偶然的，它与广东的人文地理环境，发达的商品性农业，手工业，人多田少的矛盾，复杂的国际环境以及朝廷的海禁政策有着密切的关系。

明清时期，我国的资本主义尚处于萌芽阶段，广东商人就以其独特的岭南文化背景与海外的密切联系，在我国商界独树一帜。

早期粤商的代表在广府，其中以十三行最为突出，主要从事贸易和运输。粤商伴随着广东商品流通的扩大、商品经济的发展、海外移民的高潮而崛起，发迹于东南亚、香港和潮汕地区。

商人的活跃与否取决于整个社会的商业环境、商品意识、市场背景，也取决于政府的政策、社会生产的状况、当地的自然条件等因素。广东商人在明清时期的崛起亦离不开这些因素的制约。明中、后期，上述因素就形成了一个明显有利于商人发展与活跃的趋向，尤其

是在珠江三角洲地区，明清粤商的崛起也就是顺理成章的事情了。

明清时期形成和发展起来的粤商，虽然由于其商业资本主要流向土地而不能从质的方面改变传统经济，但在量的方面，却发挥着多方面的社会功能。

这是因为，粤商的活动虽然属于交换的范畴，就一切要素来说，它是由社会生产决定的。但作为生产工程中一个阶段的交换，在一定的条件下，也能对生产发生反作用，进而引起整个社会经济、政治、思想和文化的某些变异。因此，明清时期粤商的商业活动，对当时广东的经济、政治、思想和文化产生了影响。

总之，五大商帮所在地区具有相当发达的商业，有一批积累了大量资本的巨商作为中坚，在经营、制度、文化等方面存在不同于其他商业集团的特点，许多独立的商家出于经营和竞争的需要组成以地域为纽带的松散联合。他们在历史上产生过重要影响。

知识点滴

明清笔记体小说《豆棚闲话》中说：徽州风俗惯例，一般人一到16岁左右就要出门学做生意。

徽州还有一则民谚说：前世不修，生在徽州；十三四岁，往外一丢。一般人家生活贫困，小孩长到十五六岁，就要随乡族长辈出外学做生意，寻觅谋生之路。

一开始他们多半是在自己的长辈或亲戚的店铺里当学徒。学徒一般历时3年，3年的学徒生活是相当辛苦的。吃苦倒是小事，关键要能圆满结束学业，否则就要被人嘲笑。